KB214593

신앙의 여정

신앙의 여정

2022년 5월 17일 초판 1쇄 발행
2023년 3월 21일 초판 2쇄 발행

지은이 박영선, 윤철규
기획 강선, 윤철규
편집 문선형, 정유진
디자인 잔
제작 강동현
펴낸이 최태준
펴낸곳 무근검

주소 서울특별시 송파구 올림픽로 4길 17, A동 301호
홈페이지 www.facebook.com/lampbooks
이메일 book@lamp.or.kr   **전화** 02-420-3155   **팩스** 02-419-8997
등록 2014. 2. 21. 제2014-000020호
ISBN 979-11-87506-86-7 (03230)

무근검은 남포교회출판부의 새로운 이름입니다.
무근검은 '하나님의 영광은 무겁고 오래된 칼과 같다'라는 뜻입니다.

박영선 유철규 지음

신앙의 여정

율법과 은혜의 자리에서
자유와 책임의 자리로

우리가 다 하나님의 아들을 믿는 것과
아는 일에 하나가 되어 온전한 사람을 이루어
그리스도의 장성한 분량이 충만한 데까지 이르리니

/ 엡 4:13 /

서문

—

기독교 신앙의 내세관은 도피적이지 않습니다. 구원의 완성과 목적은 복되고 영광스러운 것입니다. 천국은 다만 피난처가 아니라, 구원받은 성도라면 누구나 도달할 신앙적 성숙과 인간 존재의 위대함을 담은 궁극적 약속입니다. 구원을 얻고 누리는 감격과 놀라움은 영광스러운 삶이 펼쳐지는 새로운 세계로 진입하기에 생겨나는 반응일 것입니다.

이 세계는 예수로 인해 새로운 세상이 되고, 우리는 여기서 새로운 인간으로서의 삶을 허락받아 훈련됩니다. 교육 현장이 다 그렇다시피, 교육은 혜택이면서 동시에 피교육자에게는 고단한 훈련의 장입니다. 사람이 교육을 통해 훌륭한 사람으로 길러지듯, 구원받은 성도들도 인생에서 그리고 세상 한가운데서 은혜와 기적으로 훈련됩니다.

이 과정은 우리 기대와 달리 모호하고 곤혹스럽고 고통스럽습니다. 안심과 평안 그리고 형통이라는 세상의 목표와는 확연히 다른 연단과 고뇌가 찾아오고 실패와 후회가 더 많은 현실을 겪게 됩니다. 분명한 사실은 여기서의 관심은 잘하고 못한 것을 가르는 데 있지 않으며, 복과 벌이라는 보상의 논리로 이 과정이 다 설명되지 않는다는 점입니다. 예수를 믿는 것이 치열한 현실로 도전받는다는 것을 외면하면 체념과 변명에 머물게 됩니다. 이제 우리는 개인의 기대와 논리를 담은 단순하고 분명한 믿음의 수준을 넘어설 것입니다. 기독교의 본문이 이렇게 우리의 이해보다 크고 신비롭다는 것이 모든 신앙인들의 자랑이 되어야 할 것입니다.

이 책은 일병목회연구소 특별강좌에서 강의한 내용입니다. 강좌를 도와주신 윤철규·박병석 목사님과 책으로 다듬어 주신 무근검 직원들에게 감사드립니다.

2022년 5월

박영선

차례

—

일러두기

● 이 책에서는 개역개정판 성경을 인용하였습니다.

● 성경을 인용할 때, 절의 일부를 인용한 경우에는 작은따옴표(' ')로 표기하였습니다.

1

구원

"예수를 믿으면 구원받고 천국 간다"라는 말은 신자라면 다들 잘 아는 이야기입니다. 그런데 우리는 구원에 대해 여기까지만 생각하고 더 깊이 생각하지 않는 경향이 있습니다. 이번 장에서는 그 이야기를 함께 나누어 보려고 합니다.

구원 그 이후

—

미국 기독교에는 이런 말이 있었습니다. "톱밥 길을 걸어 나와 트럭에 치여 죽는 게 최고다." 미국에서는 18세기 대부흥운동의 영향으로 종종 야외에 설치한 천막에서 대규모 집회를 열었습니다. 천막 안은 대개 흙바닥이라서 가운데 통로에는 먼지 날림을 막으려고 흙 위에 톱밥을 뿌려 놓았습니다. 설교를 듣고 회심을 결심하여 강대상으로 나아오는 사람들을 위한 길이었지요. 그래서 '톱밥 길을 걸어 나온다'는 말은 회개하러 나간다는 의미입니다. 그런데 톱밥 길을 걸어 나와 천막 문을 열고 나오자마자 트럭에 치여 죽는 것이 최고라는 말은 무슨 뜻일까요? 구원의 감격이 현실 인생에 직접 답이 되지 않는다는 뜻입니다.

지난 한국 교회의 역사에서 중요한 두 가지를 꼽으라고 하면 '순교'와 '부흥'입니다. 순교의 유산이 분명했던 시기에 예수 믿는 이들은 누구나 신앙을 위해 죽을 각오를 요구받았습니다. 이후 부흥 시대를 겪으면서는 하나님께서 얼마든지 주실 수 있는 분임을 알게 되었습니다. 거기에 감격이라는 것이 생겨났지요. 감격의 근거가 무엇이었을까요? 많은 신자에게 그 근거는 "오늘 죽어도 천국 갈 자신이 있냐?"라는 질문에 "그렇다"라고 자신 있게 말할 수 있는 확신이었습니다. 그런데 문제는 살아 보니 금방 죽지 않는다는 데 있습니다. 얼른 죽어서 빨리 천국 가면 좋겠는데, 그 일이 뜻대로 되지 않습니다. 게다가 확신의 감격은 지속적이지도 않습니다. 확신이 인생의 문제를 해결해 주거나 현실을 풍성하게 만들어 주지도 않습니다.

예전에 저도 땅끝까지 갈 각오도 있었고 감옥에 갇힐 용의도 있었습니다. 그런데 땅끝으로 보내지도 않으시고 감옥에 갇히게 하지도 않으셨습니다. 대신 이것도 저것도 아닌, 이게 믿는 게 맞나 하는 지리멸렬한 현실만 맞닥뜨리게 하셨습니다. 이런 고민이 제 평생의 숙제였습니다. 그 속에서 내가 가진 확신과 신앙의 유산들이 어떤 의미가 있으며, 결론을 어떻게 내려야 하는지 오랜 시간에 걸쳐 고민하게 되었습니다. 그렇게 제 나름대로 정리한 내용을 함께 나누려 합니다.

먼저 기억해야 할 것이 있습니다. 대개 구원을, 예수 믿고 천국 가는 것으로 설명합니다. 그런데 로마서 3장에서는 구원을 영광의 관점에서 보고 있습니다. "모든 사람이 죄를 범하였으매 하나님의 영광에 이르지 못하더니"(롬 3:23). 그러니 하나님께서 우리를 구원하신 이후에도 이 세상에 두신 이유는 선교적, 봉사적 사명을 수행하기 위한 것 이상으로 우리 자신을 그분의 영광으로 만들어 가기 위함입니다.

우리는 주께 부름을 받았고 아직 살아 있습니다. 그래서 십자가와 부활을 땅끝까지 가서 전하는 일에 애써야 합니다. 그 일은 우리의 사명입니다. 그러나 인생 대부분은 뚜렷한 명분과 분명한 신앙 용어로 설명할 수 없는 현실로 이루어져 있습니다. 현실을 사는 신자들에게 신앙의 위기는 우리의 간절함에 대해 답이 없는 긴 세월을 살아 내야 한다는 것입니다. '주일날 교회 나오고 십일조도 하고 새벽 기도도 하고 순종도 하지만, 예수 믿는다고 해서 안 믿는 것보다 삶에서 더 나은 보상을 받는 것이 아니더라',

'왜 하나님은 나를 구원해서 놓고는 정작 현실 문제에 대해서는 외면하시는가' 하는 고민이 생깁니다. 예수를 믿고 하나님께서 불러 살게 하신 이 인생이라는 과정이 무엇인가, 곧 명분으로 주장하는 선교나 전도나 봉사가 아닌, 괴롭고 갈등하고 절망하고 막막한 현실이 무엇을 만드는가, 하는 질문에 답해야 합니다.

승리주의의 영향

—

우리가 가지고 있는 기독교의 유산은 대부분 승리주의를 기본 내용으로 하고 있습니다. 예수를 믿으면 형통하고, 나누어 주는 자가 되고, 모든 사람 앞에 도움이 된다는 주장입니다. 이런 승리주의에 기반한 우월한 마음으로 서구의 기독교인들이 동양에 기독교를 증언했습니다. 그래서 복음을 전하는 일이 식민지 쟁탈전과 함께 수행되었습니다. 서양이 얼마나 악랄하게 동양을 수탈했느냐 하는 문제를 지적하려는 것이 아닙니다. 이 일에 선교사들이 어떤 부정적인 역할을 했는가를 확인하려는 것도 아닙니다. 제가 하고 싶은 이야기는 승리주의에 근거하여 서구 기독교인들과 우리나라 기독교인들이 손을 잡았다는 것입니다.

그 영향으로 오늘날 우리는 인생에서 겪는 현실적 괴로움과 고민을 입 밖으로 내지 않는 것이 교회에서의 불문율이 되어 버렸습니다. 예수를 믿으면 현실에서 어려움이 있을 수 없다, 만일 어려움이 있다면 믿음의 어떤 부분을 놓쳐서 그런 것이다, 라는 정서가 아직도 한국 교회에 만연합니다. 그러한 분위기 때문에 우리는 자신의 괴로움과 질문을 솔직하게 꺼내 놓지 못할 뿐 아니라, 고민하고 생각하는 것조차 불경하게 여기게 되었습니다.

여기서 성경을 통해 확인하려는 것은 이것입니다. '모든 사람이 죄를 범하였으매 하나님의 영광에 이르지 못'한 문제를 성경은 어떻게 다루고 있는가, 또한 예수를 믿는 것이 현실에서 어떤 가치가 있는가를 헤아리려 합니다.

광야와 가나안 사이에서

—

저는 삼대째 믿는 가정에서 자랐습니다. 어려서부터 주일

학교에서 교육을 받았지요. 그런데 교회에서는 성경에 나온 이스라엘 백성에 대해 그들에게 믿음이 없다는 정답만 이야기했지, 그들이 왜 그랬는지에 대해서는 설명해 주지 않았습니다. 결국 이 문제가 제 인생 전체를 바쳐 풀어야 하는 숙제가 되었습니다.

여기에 대해 히브리서가 무엇이라고 하는지 살펴보겠습니다. 히브리서는 우리가 예수를 믿어 천국에 가게 되었고, 하나님의 자녀가 되었고, 그 이름으로 기도할 수 있는 신분이 되었다는 것을 전제합니다. 그런 후에 이 구원을 구약 역사를 통해 해석하는데, 그 과정에서 출애굽한 이스라엘 백성이 광야에서 저지른 불순종을 매우 비중 있게 다루고 있습니다.

대개 히브리서를, 구약의 제사 제도를 잘 알아야 이해할 수 있는 책이라고 생각합니다. 그러나 히브리서가 다루는 중요한 내용은 이것입니다. 하나님께서 이스라엘 백성들을 애굽에서 꺼내 약속의 땅으로 보내시는 과정 전체가 구원이며, 천국으로 상징되는 가나안 땅에 들어가기 전의 광야는 현실이고, 그런 광야에서 이스라엘 백성들은 계속 원망하다가 결국 실패하고 마는데, 이 문제를 한번 진지하게 생각해 보라는 것입니다.

이스라엘이 애굽에서 나올 때에는 하나님께서 모든 것을 해 주셨습니다. 열 가지 재앙도 하나님께서 내리셨고, 홍해도 하나님께서 가르셨고, 만나와 메추라기를 주시며, 구름기둥과 불기둥으로 인도하신 것도 전부 하나님이셨습니다. 그러나 가나안 입성만은 그들이 결정해야 했습니다. 참으로 어려운 문제입니다. 하나님께서 끌고 나오셨으니 그냥 하나님께서 밀고 들어가시면 안 되었을까요? 이전에는 하나님께서 모든 일을 하셨으니 말입니다. 하나님은 애굽에서도 홍해에서도 광야에서도 이스라엘의 모든 불평을 참으시고 그들을 몰아가셨습니다. 애굽으로 돌아가자는 그들의 반발에도 불구하고 가나안 앞에 그들을 세우셨는데, 이스라엘이 그 땅에 대해 불평하자 결국 "너희는 가나안에 들어가지 못한다"라고 말씀하십니다.

여기서 광야와 가나안 사이의 과정이 의미하는 바가 무엇일까요? 바로 우리가 살아가는 현실입니다. 모든 신자가 각자의 인생에서 경험하는 삶입니다. 히브리서는 이 지점에서 순종해야 한다고 말씀합니다. 말은 쉽습니다. 순종하면 됩니다. 그러나 순종은 어렵습니다. 순종은 표어나 구호를 외친다고 끝나는 일이 아니기 때문입니다. 현실을 고려하면 매사에 순종하기란 참으로 어렵습니다. 예를 들어 목사의 직분을 감당하기란 얼마나 어렵습니까? '성공한 목회'라는 말은 사실 새빨간 거짓말입니다. 승리주의를 그럴듯한 말로 포장한 것에 불과합니다. 교회 건물이 크고, 교인 수가 많고, 사회봉사를 열심히 하는 것이 목회에서 가장 중요한 일은 아닙니다.

목사라면 다 아는 내용이 있습니다. 목사가 자신의 목회를 통해 얻게 되는 최고의 유익은 자기 자신이 이전보다 거룩해진다는 점에 있습니다. 여기서 거룩은 차별을 말하는 것이 아닙니다. 로완 윌리엄스는 거룩에 대해 "거룩은 구별이 아니라 동참이다"라고 풀어낸 적이 있습니다. 거룩하신 하나님이란 우리에게 찾아와 우리와 함께하시는 분이라고 합니다. 그런 하나님을 목사는 목회를 통해 깊이 경험하게 됩니다.

이런 식으로 저도 제 나름대로 정리한 개념이 있습니다. "믿음이란 하나님께서 당신의 자녀들을 구원하기 위하여 도입한 창조다." 창조는 창세기 1, 2장에서 끝나지 않고 계속됩니다. 하나님은 창조주이십니다. 없는 것을 있는 것으로 만드시는 분입니다. 예수를 통한 부활도 창조로 설명될 수 있습니다. 망한 것도 뒤집을 수 있다, 이것이 기독교입니다.

그러니 승리주의라는 가면을 벗고 우리의 고민과 한숨과 절망이 우리 입에서 솔직하게 터져 나와야 합니다. "이건 뭔가, 이건 어떻게 이해해야 하는가?" 같은 질문이 매우 중요합니다. 그래야 현실을 바로 이해하고, 이 막막한 현실에 창조를 도입하시는 하나님을 올바르게 이해할 수 있게 됩니다.

히브리서는 이스라엘이 광야 생활에서 실패한 일을 언급하여 우리가 그들의 전철을 밟지 말고 가나안에 들어갈 것을 촉구합니다. 이러한 주장 뒤에는 중요한 전제가 깔려 있습니다. 출애굽이 그러하듯 구원은 우리가 결정한 것이 아니다, 신앙의 도리는 구원받아서 알게 된 것이다, 그러나 가나안에 들어가려면 자신이 선택해야만 한다, 라는 것입니다.

구원의 확신을 논할 때 많은 이들이 오해했던 대표적 표현이 "예수를 영접하여 구원을 받았다"라는 말입니다. 이 말은 시간의 순서를 엄밀히 따지면 이치에 맞지 않습니다. 주께서 먼저 우리 앞에 나타나셨고, 우리에게 찾아오셨습니다. 그래서 우리가 그를 알게 되었고, 믿게 되었고, 영접하게 되었습니다. 누구는 영접하고 누구는 거부해서 운명이 바뀐 것이 아니라 구원은 예수만이 하실 수 있는 일인 것입니다. 우리는 출생했습니다. 중생(重生)은 출생입니다. 아이는 자기 스스로 나올 수 없지요. 부모가 낳아야 합니다. 그러나 출생한 아이는 본인이 자라고 커야 합니다.

여태껏 한국 교회는 신앙을 주로 헌신과 봉사 같은 명분과 간증으로 소개했습니다. 신앙의 쟁점이 인격이 크는 문제라는 점에 대해서는 아직 제대로 된 인식이 부족한 편입니다. 이 부분에 대해 신자들은 세상 속에서 훈련을 받을 뿐만 아니라 교회와 각자의 인생 속에서 도전과 시험을 맞닥뜨립니다. 그 속에서 큽니다. 신자라면 인격이 자라야 하며, 그렇게 자란 이들이 어떤 결정을 해야 구원받은 자의 책임과 수준에 이르게 되는지 분명하게 보여 주는 사례가 바로 성경에 나와 있는 출애굽 한 이스라엘 백성의 역사라고 할 수 있습니다.

탕자, 큰아들

—

이 대목을 잘 생각해 보기 바랍니다. 신자가 구원받았으면 더 이상 자기 정체성에 대한 고민을 할 필요가 없을까요? 구원받은 이후에는 교회에서 어떤 봉사를 할지 고민하는 것이 신앙의 전부일까요? 아닙니다. 하나님은 우리가 당신의 자녀답게 인격적으로 커 나가기를 원하십니다. 그 일을 위해 우리 인생 전체를 붙잡아 사용하십니다.

누가복음 15장에 나오는 '잃은 아들을 되찾은 아버지에 대한 비유'에서 이런 내용이 잘 드러납니다. 엄밀히 말하자면, 이 비유에서 둘째 아들이 집을 나갔다가 돌아왔다는 사실은 핵심 주제가 아닙니다. 그는 나갔을 때도 아버지의 아들이고, 돌아올 생각이 없었을 때도 아버지의 아들입니다. 아버지는 아들이 돌아올 때까지 기다렸습니다. 마침내 그가 돌아오자 아들 대접을 성대하게 해 주지요. 그런데 둘째 아들이 돌아온 것으로 결론을 삼는 사람들이 많은 것 같습니다. 돌아온 이후 어떤 일이 일어났는지에 대해서는 별 관심이 없습니다. 그러나 성경을 보면 큰아들에 관한 이야기가 이렇게 이어집니다.

맏아들은 밭에 있다가 돌아와 집에 가까이 왔을 때에 풍악과 춤추는 소리를 듣고 한 종을 불러 이 무슨 일인가 물은대 대답하되 당신의 동생이 돌아왔으매 당신의 아버지가 건강한 그를 다시 맞아들이게 됨으로 인하여 살진 송아지를 잡았나이다 하니 그가 노하여 들어가고자 하지 아니하거늘 아버지가 나와서 권한대 아버지께 대답하여 이르되 내가 여러 해 아버지를 섬겨 명을 어김이 없거늘 내게는 염소 새끼라도 주어 나와 내 벗으로 즐기게 하신 일이 없더니 아버지의 살림을 창녀들과 함께 삼켜 버린 이 아들이 돌아오매 이를 위하여 살진 송아지를 잡으셨나이다 아버지가 이르되 얘 너는 항상 나와 함께 있으니 내 것이 다 네 것이로되 이 네 동생은 죽었다가 살아났으며 내가 잃었다가 얻었기로 우리가 즐거워하고 기뻐하는 것이 마땅하다 하니라 눅 15:25-32

큰아들은 집 나갔다 돌아온 동생을 위해 아버지가 잔치를 베푼 것이 마음에 들지 않습니다. 그는 아버지를 향해 불평합니다. 그런데 큰아들이 해야 했던 일은 무엇이었을까요? 아버지를 배워야 했습니다. 그런 면모를 보이지 못한 큰아들도 탕자였던 둘째 아들과 별 다를 바 없다고 성경은 이야기하는 것 같습니다. 사실 큰아들은 자기 일을 성실하게 해 왔습니다. 그런데도 그를 탕자라고 볼 수밖에 없는 이유가 무엇일까요? 에베소서 5장에서 그 이유를 찾아보겠습니다.

> 그런즉 너희가 어떻게 행할지를 자세히 주의하여 지혜 없
> 는 자 같이 하지 말고 오직 지혜 있는 자 같이 하여 세월을
> 아끼라 때가 악하니라 그러므로 어리석은 자가 되지 말고
> 오직 주의 뜻이 무엇인가 이해하라 술 취하지 말라 이는
> 방탕한 것이니 오직 성령으로 충만함을 받으라 엡 5:15-18

바울은 술 취함과 성령 충만을 대비하여 말씀합니다. 놀
랍도록 극적인 대비입니다. 둘은 서로 견줄 만한 공통 기
준이 있습니다. 술 취함은 방탕한 것입니다. 여기서 방탕
은 윤리나 도덕적 기준에 따라 내린 판단이 아니라, 시간
을 허비하는 것을 의미합니다. 탕자의 비유에서 둘째 아
들을 방탕하다고 하는 이유는 그가 나가서 아무 데나 돈
을 쓰고 기회와 시간을 허비했기 때문입니다. 큰아들은
아버지 밑에 계속 있었으나 아버지에게 배운 바가 없습니
다. 아버지를 이해하지도 못하지요. 그러니 큰아들은 아
버지의 아들이라고 말하기가 민망할 정도입니다. 그도 또
다른 탕자에 불과합니다.

　술 취함과 성령 충만은 어떻게 다를까요? 술에 취하면

필름이 끊깁니다. 그러면 그 시간은 그 사람에게 없는 시간이 됩니다. 아무런 도전과 고민과 누적이 없는 시간이나 마찬가지입니다. 그와 반대로 성령 충만은 하나님 앞에 우리 시간을 바쳐 하루하루를 성실히 쌓아 가라는 명령입니다. 하나님께서 우리와 무엇을 하시려는 것인지를 명분이나 확신이나 감격으로 확인하지 말고, 자유 안에서 책임을 지는 성숙한 인격을 갖는 것으로 확인하라는 것입니다. 거기가 성령 충만의 목적지입니다.

그렇다면 교회가 해야 할 일은 무엇일까요? 어떻게 빛의 자녀답게 살 수 있을까요? 부름을 받은 이들은 지혜로워야 합니다. 생각해야 합니다. 긴 시간에 걸쳐 신앙의 싸움을 해야 합니다. 그 일에 기꺼이 뛰어들라고 성경이 우리를 격려합니다. 인류 모두가 각자의 현실에서 직면할 수밖에 없는 보편적 도전들이 있습니다. 그 앞에 맞닥뜨렸을 때 그가 보여 주는 수준이 성경이 요구하는 바에 얼마나 부합하는가, 이 땅에 오신 예수의 성품을 얼마나 따르고 있는가, 하는 것들이 우리가 중요하게 생각해야 하는 성경의 요구입니다.

그런데 우리는 우리 자신에게서 큰아들의 모습을 종종 봅니다. 우리에게 복음은 '죄 관리를 위한 복음'에 불과할 때가 많습니다. 신앙 이야기를 할 때면, 지은 죄를 어떻게 해결해야 하는지에 관한 이야기만 나눌 뿐입니다. 경험 속에서 인격이 자라고, 인생이 성숙해지는 문제에 대해서는 그동안 등한시했습니다. 우리 인생은 지금 우리 자신이 걸어야만 하는 우리 각자의 것인데, 이 길을 어떻게 걸어야 하는지에 대해 대부분이 주의를 기울이지 않았습니다. 그러니 이 일에 본을 보이거나 가르침을 주는 이들도 없다시피 했지요.

하나님을 어떤 분으로 여기는가

—

마태복음 25장에 이런 비유가 나옵니다.

> 또 어떤 사람이 타국에 갈 때 그 종들을 불러 자기 소유를 맡김과 같으니 각각 그 재능대로 한 사람에게는 금 다섯 달란트를, 한 사람에게는 두 달란트를, 한 사람에게는 한 달란트를 주고 떠났더니 다섯 달란트 받은 자는 바로 가서 그것으로 장사하여 또 다섯 달란트를 남기고 두 달란트 받

은 자도 그같이 하여 또 두 달란트를 남겼으되 한 달란트
받은 자는 가서 땅을 파고 그 주인의 돈을 감추어 두었더
니 마 25:14-18

어떤 주인이 타국으로 떠나면서 세 명의 종에게 돈을 맡깁
니다. 충성된 두 종은 맡긴 돈으로 이윤을 남기고, 나머지
한 종은 돈을 땅에 묻어 버립니다. 주인이 돌아와 돈을 땅
에 묻어 버린 종에게 악하고 게으른 종이라고 꾸중합니다.

한 달란트 받았던 자는 와서 이르되 주인이여 당신은 굳은
사람이라 심지 않은 데서 거두고 헤치지 않은 데서 모으는
줄을 내가 알았으므로 두려워하여 나가서 당신의 달란트를
땅에 감추어 두었었나이다 보소서 당신의 것을 가지셨나이
다 그 주인이 대답하여 이르되 악하고 게으른 종아 나는 심
지 않은 데서 거두고 헤치지 않은 데서 모으는 줄로 네가 알
았느냐 그러면 네가 마땅히 내 돈을 취리하는 자들에게나
맡겼다가 내가 돌아와서 내 원금과 이자를 받게 하였을
것이니라 하고 그에게서 그 한 달란트를 빼앗아 열 달란
트 가진 자에게 주라 무릇 있는 자는 받아 풍족하게 되고
없는 자는 그 있는 것까지 빼앗기리라 이 무익한 종을 바

깥 어두운 데로 내쫓으라 거기서 슬피 울며 이를 갈리라
하니라 마 25:24-30

주인이 종에게 묻고 싶은 말은 "너는 나를 어떤 사람으로
이해하느냐?"일 것입니다. 이것이 바로 이 비유의 핵심입
니다. 주인을 완고한 사람으로 이해하는 게으른 종과 달리
충성된 종들은 주인을 넉넉하고 관대한 사람이라고 이해했
습니다. 그래서 자신을 단지 주인의 종이라고 생각하기보
다 주인의 동역자라고 생각했습니다. 주인의 명령에 기계
적으로 움직이는 노예가 아닌 기쁨으로 주인의 기업에 동
참하는 존재로 자신을 이해했던 것입니다. 그리고 그 이해
에 근거해 힘을 다했던 것이지요. 결국 최선을 다해 주인의
사업에 동참했습니다. 그러나 악한 종은 주인의 재산을 잃
어버리지만 않으면 그만이라고 생각했습니다. '주인을 위
해 기꺼이 많이 남겨야 한다'는 생각은 하지 않았던 것입니
다. 주인을 특별하게 생각하지도 않았습니다. 주인과 자신
의 관계도 소중히 여기지 않았습니다. 주인이 자신에게 어
떤 기대를 가지고 있는지도 고려하지 않았습니다.

　우리도 마찬가지입니다. 우리는 하나님을 어떤 분이라
고 생각합니까? 우리를 여전히 이 세상에 남겨 두신 하나

님께서 우리에게 요구하시는 일이 무엇이라고 생각합니까? 달란트 비유에서 좋은 '주인'을 그리고 '주인과 특별한 관계 속에 있는 자신'을 바르게 이해해야 했습니다. 우리도 하나님께서 어떤 분인지, 하나님과 우리가 어떤 관계에 있는지 바르게 알아야 합니다. 우리는 하나님의 기업을 이을 자입니다. 이미 하나님의 사역에 동참한 자입니다.

예수님은 승천하시면서 당신이 하셔야 했던 일을 제자들에게 맡기며 명령하셨습니다. 제자들은 기겁했습니다. 그런 요구를 우리도 받고 있습니다. 우리는 세상을 구원하시고 다스리시는 하나님의 동역자이며, 이 일을 위해 열어 놓으신 교회 시대를 살아가고 있습니다. 그러니 하나님의 명령을, 세세한 율법 항목을 엄격하게 준수하는 차원으로 격하하지 않도록 주의해야 합니다. 잘못하면 회개하고, 또 잘못하면 돌아와 다시 회개하는 일을 내내 반복하는 정도를 신앙의 전부라고 여긴다면 우리는 하나님에 대해, 우리 자신에 대해, 기독교 신앙의 풍성함에 대해 하나도 모르는 셈입니다.

주일예배 때 하는 대표기도를 들으면 끝없는 회개만 나열하는 경우가 많습니다. 멋진 기도를 할 줄 모릅니다. 자신의 못난 점을 왜 그렇게 다 까발려야만 할까요. "주님, 주

일입니다. 주님이 얼마나 고마운지 모릅니다. 잘 살고 있지는 못해도 믿음으로 전진하고 있습니다. 좀 더 통쾌한 일들이 있도록 격려해 주십시오." 이렇게 기도해야지요. 맨날 육신의 정욕이 어떻고, 안목의 정욕이 어떻고, 이생의 자랑이 어떻고…. 도대체 기독교를 무엇으로 여기고 있는지 묻고 싶습니다. 교회의 영광이 무엇이고, 우리 인생에 무엇이 허락되어 있는지 아무것도 모른 채 언제까지 대표기도를 빙자하여 사람들에게 겁만 주고 있을 것입니까?

신자로서의 정체성이 가난하면 남을 비난하는 것밖에 할 일이 없습니다. 그런 데서 벗어나 풍성한 방향으로 가야 합니다. 자비롭고 은혜롭고 노하기를 더디 하시는 하나님, 은혜와 지혜가 풍성하신 하나님, 우리는 그런 하나님의 자녀입니다. 성경은 세상 속에서 그런 하나님의 성품을 닮아 가는 인품이 되라고 우리에게 요구합니다. 세상이 모든 인문학을 동원하고 과학을 동원해도 만들 수 없는 고귀한 인격을 갖춘 인간, 그런 존재가 되어 가도록 하나님께서 우리에게 인생을 허락하십니다. 우리에게 구원을 주신 하나님의 목적은 우리에게 참된 인격이 형성되는 것입니다.

영광을 향해 가는 구원

—

에베소서 3장을 보겠습니다.

> 이러므로 내가 하늘과 땅에 있는 각 족속에게 이름을 주
> 신 아버지 앞에 무릎을 꿇고 비노니 그의 영광의 풍성함
> 을 따라 그의 성령으로 말미암아 너희 속사람을 능력으로
> 강건하게 하시오며 믿음으로 말미암아 그리스도께서 너
> 희 마음에 계시게 하시옵고 너희가 사랑 가운데서 뿌리가
> 박히고 터가 굳어져서 능히 모든 성도와 함께 지식에 넘
> 치는 그리스도의 사랑을 알고 그 너비와 길이와 높이와
> 깊이가 어떠함을 깨달아 하나님의 모든 충만하신 것으로
> 너희에게 충만하게 하시기를 구하노라 우리 가운데서 역
> 사하시는 능력대로 우리가 구하거나 생각하는 모든 것에
> 더 넘치도록 능히 하실 이에게 교회 안에서와 그리스도
> 예수 안에서 영광이 대대로 영원무궁하기를 원하노라 아
> 멘 **엡 3:14-21**

이 말씀도 영광이 주제입니다. 이 부분이 참으로 놀랍습
니다. 영광이라는 단어에 대해 잘 생각해 보기 바랍니다.

저는 신자의 생애가 '죄를 저질렀는가, 안 저질렀는가'가 아닌 '명예로운가, 부끄러운가'로 구별된다고 생각합니다. 우리가 이루어야 하는 신앙의 덕목을 좀 더 긍정적이고 적극적으로 이해하십시오. 죄를 저질렀는가, 아닌가를 따지는 일은 신앙의 초보적 이해에 근거합니다. 이는 마치 '정직'이라는 단어를 '거짓말 안 하는 것'으로밖에는 정의하지 못하는 것과 같습니다. 거짓말을 안 하는 것은 정직이라는 덕목의 기본입니다. 그런데 우리는 사실에 맞는가, 안 맞는가를 따지는 것으로 정직과 거짓을 나누기 때문에 '거짓말 안 하는 것'이 정직이라는 개념의 전부가 되어 버렸습니다. 그것은 정직이라는 개념의 최소한에 불과한데 말입니다. 더 나아가야 합니다. 정직은 좋은 말을 해 주는 것입니다. 따뜻하고 용서하고 함께하고 나누는 것이 정직입니다.

하나님께서 그 아들을 보내어 우리 편을 드십니다. 그러니 누가 우리를 대적할 수 있겠습니까. 하나님께서 우리에게 허락하시는 기독교 신앙의 풍성함은 구원과 천국을 약속하는 정도로 끝나지 않습니다. 그 약속을 가진 자로 현실을 살게 함으로써 하나님께서 우리에게 원하시는 인격을 만들어 가십니다. 그 하나님의 일하심에 우리의

신앙의 여정

갈증과 소원을 만족시키는 내용이 풍성하게 들어 있습니다. 그러니 안목을 넓혀 우리의 현실이 업적과 결과보다 훨씬 큰 과정에 있다는 사실을 알게 되기를 바랍니다. 그 과정, 과정마다 하나님과 함께하는 기적의 인생이 펼쳐지고 있다는 사실을 배우는 기쁨이 있기를 바랍니다.

구원에 관한 대담

박영선 목사, 윤철규 목사

🅨 대개 구원에 대해 다룬다고 하면, 예수께서 우리를 위해 어떤 일을 하셨는지, 어떤 과정을 거쳐 우리가 구원을 받게 되었는지에 대해 설명하는 성경 구절이나 교리의 내용을 주로 언급합니다. 그런데 목사님께서는 '구원받았는데도 시원하지 않더라' 하는 신자들의 신앙 현실로 바로 들어가서 설명하십니다. 아마도 처음에 느끼셨던 구원의 감격이 그리 오래가지 않았던 모양입니다. 당시 목사님의 생각이 궁금합니다. 기독교 신앙의 내용은 굉장한 것 같은데, 이것이 왜 현실에서는 지속적인 영향을 끼치지 못할까, 하는 문제의식을 느끼셨던 정황에 대해 좀 더 자세하게 이야기해 주실 수 있을까요?

🅑 '구원을 받다'라는 말을 들을 때 우리에게 가장 크게 따라붙는 개념은 내세(來世) 신앙입니다. 누군가 "구원의 목적과 보상이 무엇인가?" 하고 물어보면 우리는 "죽으면 천국에 가서 영원히 산다" 이렇게 답했지요. 그런데 문제

는 앞서 언급했던 '톱밥 길을 걸어 나와 트럭에 치여 죽는 것이 가장 큰 복'이라고 생각했던 미국 대부흥 시대의 예에서도 나온 바와 같이 '죽어서 천국에 가는 것이 구원의 목적이라면, 살아서 이 고생은 왜 해야 하느냐' 하는 현실의 고민을 해결하지 못한다는 것입니다.

'예수를 믿으면 죽어서 천국 간다'와 지금의 현실을 연결하는 과정에서 자연스럽게 승리주의가 나오게 됩니다. 살아 있는 동안에 우월한 신분과 같은 보상들이 있어야 한다고 생각하지요. 그래서 십자가에서 승리하신 예수님께서 구원받은 우리를 여전히 세상에 두시는 이유를, 우리가 세상에서 승리하기를 부탁하셨기 때문이라고 연결 지어 생각합니다.

하지만 실제로 살아 보면 뚜렷해 보이는 승리가 없습니다. 물론 승리가 있기는 합니다. 그런데 한 번의 승리는 우리 인생 전반에 걸쳐 효력을 발생하지 않고, '하나님의 약속은 사실이다'라는 것을 확인하는 정도에 그칠 뿐입니다. 고난은 여전히 고난으로 남아 있습니다. 게다가 인생에서 겪는 어려움은 우리 삶을 기대와는 다른 방향으로 계속 흘러가게 합니다. 이런 일들은 시간이 지나면 해소되는 것이 아니라 점점 더 빈번하게 일어납니다.

사람들이 종교를 갖는 이유가 첫째는 죽음을 어떻게 해결할 것인가, 둘째는 현실의 고달픔을 어떻게 이길 것인가와 같은 문제를 해결하기 위해서인데, 성경에는 그 문제에 대해 우리가 기대하는 선명한 답이 없습니다.

🅨 성경에서 선명한 답을 찾을 수 없다면, 죽음이나 고달픈 현실 문제를 어떻게 바라볼 수 있을까요?

🅑 성경은 사망이 왕 노릇 하던 세상이 이제는 예수가 왕노릇 하시는 곳으로 바뀌었다고 이야기합니다. 판이 완전히 뒤집혔다는 것이죠. 판을 뒤집는 예수의 승리는 죄에 대한 승리를 말하는데, 여기서 죄는 지옥 가는 것보다 더 중대한 문제입니다. 그러니 죄에 대한 승리는 예수를 믿는 이들이 단지 지옥에 가지 않게 되는 내세 신앙과 관련된 문제이거나 현실에서 드러나는 권력을 갖는 문제가 아닙니다. 예수가 십자가에서 사망을 끝내시고 생명이 왕노릇 하는 은혜의 시대를 열었다는 말입니다.

사망이 왕 노릇 한다는 말은, 단지 우리가 죽을 수밖에 없는 존재이고 죽은 후에 지옥에 간다는 뜻을 가진 정도의 말이 아닙니다. 사망은 거짓된 것입니다. 모든 것을 헛

되게 만듭니다. 사망은 무지한 것이고 왜곡하는 것입니다. "진리를 알지니 진리가 너희를 자유롭게 하리라"(요 8:32). 이 말씀처럼 우리가 생명 안에, 은혜 아래 들어와 보니 알게 되는 것이 있습니다. 생명이 이긴다는 말은 거짓된 것과 반대되는 참됨이 있다는 뜻입니다. 거짓된 승리는 폭력의 승리이고, 참된 승리는 가치와 보람의 승리입니다. 이런 대조가 성경이 강조하는 바입니다. 세상은 서로 거짓을 가지고 폭력으로 싸우던 어둠에 불과합니다. 우리의 승리는 죽음을 이기는 부활 생명을 지니게 되었다는 데 있습니다. 이것이 우리의 진정한 가치이고 우리라는 존재의 운명입니다. 무성하고 충만하고 번성하는 놀라운 생명이 우리의 기대를 넘어서는 존재론적, 인격적, 운명적 차원에서 구현되고 자라납니다.

이 부분은 이해하기가 만만치 않습니다. 우리는 '죄와 지옥' 대 '구원과 천국'으로 대조하는 바람에 죽음과 생명도 이분법적으로 이해합니다. 영원한 형벌과 영원한 보상의 차이라고만 생각합니다. 현실에서 생명이 어떤 놀라움을 만드는지 모릅니다. 그러니 세상에서 유효한 권력이 종교라는 이름으로, 신앙이라는 이름으로 고스란히 우리에게 침투해 들어옵니다. 그러자 세상의 폭력적인 권력에 맞서 우리는 예수를 힘입어 세상보다 더 큰 권력을 가지는 일이 신앙의 목표가 되었습니다. 결국 우리도 종교라는 이름을 갖다 붙였지만, 또 하나의 폭력이 되어 버리고 말았습니다. 그런 일들을 십자군 전쟁에서도 봤고, 이슬람의 성전(聖戰)에서도 보았습니다. 대부분의 종교가 그렇듯이 기독교에서도 구원이란 죽은 다음에 주어지는 보상이라고만 강조할 뿐, '현실을 어떻게 이해할 것인가'에 대해서는 세속적 보상을 기대하는 것 이상의 수준을 헤아리지 못하고 있는 것이죠.

앞서 말한 사망이 통치하는 데서 나타나는 현상인 '헛되다', '거짓되다', '무지하다', '왜곡되다' 등의 개념에서 벗어나야 합니다. 구원을 '진리', '생명', '영광', 이런 단어들로 이해해야 합니다. 그리고 그 속에서 섬기는 것이 하나님 나라에서 가장 중요한 질서라는 사실을 알게 되면 인생에 대한 근본적 이해가 바뀌게 됩니다.

🙋 하나님 나라에서 가장 중요한 질서인 섬김을 어떻게 하면 잘할 수 있을까요?

🙋 먼저, 왜 섬김이 중요한지를 아는 것이 필요합니다. 섬

김이 중요한 이유는 섬기는 일이 인간성에서 가장 복된 자세이기 때문입니다. 누구를 무너뜨려서 자기 자리를 확보하는 일은 십계명에서도 하지 말라고 강조한 내용입니다. "네 이웃의 것을 빼앗아 네 필요를 채울 필요 없다. 나는 너희 아버지이고 너희는 내 자식이기 때문이다." 구원이 현실 속에서 어떻게 적용되는지에 대한 구체적 예시가 구약에 이미 제시되어 있는 셈이지요. 이런 이해가 있어야 섬길 수 있게 되고, 이런 섬김이 있어야 신앙의 진전이 있는 것입니다.

그런데 이 부분은 매우 어렵습니다. 왜 어려울까요? 기독교에서는 생명이 죽음을 이기고 나온다고 말합니다. 먼저 죽음이 있습니다. 한 알의 밀알이 땅에서 썩습니다. 그 썩음을 통과해야 합니다. 아무것도 없는 곳, 부정적인 것이 하나도 없는 데서는 긍정적인 것이 나올 수 없습니다. 마찬가지로 사망을 선고하는 율법이 없으면 은혜가 무엇인지 모릅니다. 매우 놀라운 역설입니다.

하나님께서 그런 식으로 일하십니다. 그래서 우리는 마음대로 해 보는 겁니다. 하나님과 관계없이 자기 마음대로 했던 일들이 어떻게 되는지 보게 됩니다. 실패와 좌절을 겪으며 "아, 이건 아니구나" 하는 외침과 함께 하나님과 하나님 아닌 것을 비교할 수 있게 됩니다. 그 일이 우리를 은혜로 몰아갑니다. 은혜는 우리로 영광을 선택하게 하는데, 이 모든 과정을 '순종'이라고 합니다.

순종의 개념도 새롭게 이해해야 합니다. 순종은 단순히 자기 뜻을 버리고 무지한 상태로 들어가거나 책임지지 않는 상태에 머무는 것이 아닙니다. 하나님은 우리가 순종하는 기계로 전락하는 것을 원하지 않으십니다. 그분은 우리에게 선택권이 있는 자유를 허락하셨습니다. 우리를 인격적으로 대접해 주시는 것입니다.

우리는 하나님께서 주신 자유를 가지고 분별과 선택을 통해 하나님께 자발적으로 순종하는 자리까지 나아가야 합니다. 그런 실력과 책임을 지니기 위해서는 경험이 쌓여야 합니다. 이 지점에서 '구원받은 우리에게 왜 역사와 인생이 필요한가?'라는 질문에 대한 답을 발견하게 됩니다.

구원을 베푸신 하나님께서 우리에게 무엇을 목적하시는가 하는 질문에까지 우리의 이해가 확장되어야만 비로소 인생의 고단함, 실패, 원망 같은 것들이 무슨 일을 하는지 알게 됩니다. 내가 겪은 것이 무엇인지, 왜 이걸 지나야만 했는지 깨닫게 됩니다. 선수들이 처음에 운동을 시작할 때도 기술부터 배우지 않습니다. 우선 근력부터 기릅니다. 근력이 있어야 기술을 사용할 수 있습니다. 주님이 우리의 근력을 키우신 다음 기술을 가르치시면서 우리를 어디로 이끄시는지 그 원대한 구원 역사의 전모를 잘 지켜보기 바랍니다.

🔵 대개 신자들은 시간이 지나면서 구원받았을 때의 감격이 수그러들고 기쁨이 사라지는 것을 느낍니다. 그렇게 되면 신앙이 현실에서 아무 효력이 없다는 생각이 들어 체념하거나 타협하고 맙니다. 목사님께서는 그 지점에서 체념이나 타협으로 가지 않으시고 신앙의 문제들을 계속 붙잡고 계시는데요, 그렇게 하실 수 있는 이유가 궁금합니다.

🔵 여전히 살아 있으니까요. 살아 있으면 중요한 질문들을 던지게 됩니다. '인생이 이게 전부라면, 빨리 죽는 게 최선 아닌가?', '하나님은 왜 나를 빨리 데려가지 않으시는가?', '성경에서 말하는 하나님의 약속은 왜 우리 현실에서는 효력이 없는 것 같은가?', '그렇게 효력이 없게 여겨지는 것은 누구 책임인가?' 같은 질문을 하게 됩니다.

결국 내 책임이라는 것을 알게 됩니다. 더 이상 책임을 하나님께나 세상에 돌리지 않게 됩니다. 하나님께서 우리에게 이런 책임을 지우시는 것은 이 일을 감당할 만한 실력에 이르라고 도전하시기 때문입니다.

이런 생각을 하게 된 원인은 분명합니다. 하나님께서 성실하게 도전해 오시기 때문입니다. 하나님께서 계속 도전해 오시니 답을 안 할 수가 없지요. 그래서 자꾸 쓰러집니다. 도전이 너무나도 세니까요. 그렇게 쓰러져 있으면 하나님께서 한 번 더 해 보자고 하십니다. '한 번 더 가자. 한 번 더.' 우리는 자꾸 그만하자고 말합니다. 그런데 하나님은 '아니다. 너는 더 가야 한다'라고 말씀하십니다. 로뎀나무 아래에 쓰러져 있던 엘리야에게 떡을 가져다 먹이시고는 힘내서 가던 길을 계속 가라고 채근하셨듯이 우리도 그렇게 몰아붙이십니다. 그러니 어쩌겠습니까.

🔵 생애가 계속 이어지고 확장된다는 말씀이시죠?

🔴 그렇지요. 나는 이만하면 다 됐다고 생각했는데, 그다음 라운드가 또 있더라고요. 그야말로 확장할 것 같습니다. 어제까지 내가 해낸 일은 어제의 일일 뿐입니다. 오늘은 오늘의 과업이 있습니다.

🅨 로완 윌리엄스가 "거룩이란 구별이 아닌 동참이다"라는 정의를 내렸다고 앞서 말씀하셨습니다. 또 목사님께서는 "믿음이란 하나님께서 당신의 자녀들을 구원하기 위하여 도입한 창조다"라고 정의하셨는데요, 이 부분에 대해 좀 더 자세한 설명을 들을 수 있을까요?

🅑 우리가 '창조'라는 개념을 떠올릴 때 오해하는 대목이 있습니다. 하나님께서 세상을 창조하셨을 때 지으신 질서가 창조의 전부라고 생각하는 것입니다. 그러나 하나님은 세상과 질서와 환경을 창조하신 첫 번째 단계에 머물지 않으시고 그다음 단계로, 그다음 단계로 우리를 이끄십니다. 마치 아이를 키우는 일과 같습니다. 아이는 잘 먹여야 할 때가 있고, 유치원에 보내야 할 때가 있고, 초등학교에 보내고, 중학교에 보내야 할 때가 있지요.

성경에 나오는 첫 사람 아담의 실패를 보면서 우리는 '하나님은 과연 아담과 하와가 선악과를 먹을 줄 알고 계셨는가?'와 같은 질문에 매여 있습니다. 인간이 먹으면 안 되는 것을 하나님께서 왜 만들어 놓았느냐고 따지는 것이지요.

잘 생각해 보면, 거기에서도 이미 지속적인 창조가 진

[구원]

행되는 것을 알 수 있습니다. 하나님을 거부한 인간에게 끊임없이 다가가시는 하나님의 일하심은 얼마나 창조적입니까. 아담이 선악과를 따 먹은 일로도 인간은 성장하지요. 우리도 태어나서 계속 크잖아요. 자라는 중에 별일을 다 겪지만 당사자는 자기가 자라나는 것을 알든 모르든 계속 커 나갑니다.

🅨 하나님께서 태초에 인간이 살아갈 조건을 만들어 놓고 그 조건 속에 인간을 던져 넣은 다음 기계적으로 자라게 두는 것이 아니라, 인간이 하나님을 배신하고 그러한 인간에게 하나님께서 용서를 베푸시는 이 모든 역동적인 과정 자체가 창조의 연장이라는 말씀일까요?

🅑 그렇습니다. 이 부분에서 우리는 여전히 자연주의나 이신론으로 하나님과 세상을 이해하는 방식에서 벗어나지 못하는 경우가 많습니다. 하나님께서 만들어 놓으신 고정된 법칙이 있고, 내가 그 법칙에 부합하게 행동하면 하나님은 그것에 대해 보상해 주시는 분에 불과하다고만 생각합니다. 이렇게 우리는 하나님께서 창조주라는 사실을 못 알아보는 경우가 많습니다.

하나님은 창조 사역을 계속 하고 계십니다. 예를 들어 아브라함의 경우를 생각해 보겠습니다. 하나님께서 아브라함을 먼저 불러내십니다. 인간이 스스로는 도저히 하나님 앞에 순종하지 못하니까 하나님이 주도권을 갖고 우리 인생에 뛰어들어 오시는 거지요. 하나님께서 '믿음'을 사용하기로 하신 것입니다. 아브라함의 이야기가 본격적으로 나오는 창세기 12장 이전에는 그런 사례가 없었습니다. 그냥 두고 보실 뿐입니다. 사람이 어려서부터 악하니 물로 다 쓸어버리시고, 바벨탑 사건에서는 사람의 언어를 혼잡하게 하십니다.

그러나 아브라함에 이르러서는 드디어 하나님의 약속이 시작됩니다. 창세기 12장에서 보는 것처럼 "너는 복의 근원이 될지라"라고 약속하십니다. 이 부분이 바로 시작입니다. 믿음이라는 것이 도입되고 있습니다. 아브라함은 그의 평생에 걸쳐서 책임을 지는 자리로 나아갑니다. 창세기 22장에 나오듯이 결국 하나님께 자기 아들 이삭을 바치게 됩니다. 보여 주기 정도가 아니라 정말로 바칩니다. 그러자 하나님께서 이런 말씀을 하십니다.

내가 나를 가리켜 맹세하노니 네가 이같이 행하여 네 아들

네 독자도 아끼지 아니하였은즉 내가 네게 큰 복을 주고 네 씨가 크게 번성하여 하늘의 별과 같고 바닷가의 모래와 같게 하리니 네 씨가 그 대적의 성문을 차지하리라 또 네 씨로 말미암아 천하 만민이 복을 받으리니 이는 네가 나의 말을 준행하였음이니라 하셨다 하니라 창 22:16 중-18

창세기 12장에서 하신 약속이 여기까지 이어지는 것입니다. 하나님은 아브라함의 순종에 담긴 고백을 받아 내시고는 매우 통쾌해하십니다. 하나님께서 원하시는 자리까지 아브라함이 나아온 것이지요. 그래서 아브라함에게 "그래, 내가 이렇게 하겠다"라고 기꺼이 말씀하십니다. 아브라함에서 시작된 이스라엘 역사는 계속해서 이런 과정을 겪습니다. 하나님께서 이스라엘을 당신의 백성으로 불러내신 조건 속에서 이스라엘은 순종할 것인가, 불순종할 것인가에 대한 씨름이 아주 긴 시간 동안 이어집니다.

바벨론 포로 시대에 이르면 하나님께서 이스라엘 백성에게 새 언약을 약속하십니다. 새로운 것을 하나 더 도입하기로 하신 것입니다. 아브라함이 했던 고백을 우리에게서도 받아 내기 위하여 믿음을 도입하시고 그다음에 은혜를 도입하십니다. 바로 예수입니다.

우리는 예수님께서 이루신 일을 성경에서 읽었고, 죄가 왕 노릇 하던 데에서 은혜가 왕 노릇 하는 자리로 이미 들어와 있어서 이 일의 경이로움을 실감하지 못할 때가 많습니다. 은혜가 왕 노릇 한다는 말은, 은혜 아래 있는 자들은 어떻게 되어도 죄로 인한 처벌을 받지 않는 신분이 되었다는 뜻입니다. 로완 윌리엄스가 왜 '거룩함'을 '참여'라고 했는지 생각해 보면, 은혜가 우리를 성삼위 하나님의 연합에 불러들이기 때문입니다. 그래서 우리에게는 취소될 수 없는 신분이 주어진 것입니다.

예수님께서 이렇게 기도하셨습니다. '그들을 진리로 거룩하게 하옵소서'(요 17:17). '거룩함'이라는 개념이 인과율에 묶여 있을 때는 도덕적 완벽함이나 실천적 올바름에 불과합니다. 그런데 성경이 말하는 거룩함이란 하나님께서 언제나 우리와 함께하시는 것을 뜻합니다. 주님이 세상 끝 날까지 우리와 함께하셔서 우리를 놓지 않기로 하신 것이니까요. 로마서 8장에서 보듯이 그 무엇도 '우리를 우리 주 그리스도 예수 안에 있는 하나님의 사랑에서 끊을 수 없'(롬 8:39)습니다. 예수님께서 우리의 죽음까지 끌어안으셨다는 사실 때문에 우리는 힘을 낼 수 있습니다.

그렇다면 이제 우리는 아무 선택이나 해도 되고, 마음

껏 죄를 지어도 될까요? 그렇게 말한다면 은혜가 무엇을 만들어 내는지 모르기 때문입니다. 율법이 우리를 은혜로 밉니다. 은혜는 우리를 책임으로 밉니다. 굉장하지 않나요? 법은 우리로 책임지는 일에 이르게 하지 못하는데, 은혜는 우리를 책임지는 자리로 밀고 갑니다. 우리 인생에서 이 훈련이 끝없이 펼쳐집니다. 매일매일 살아 있는 한, 이 도전이 있습니다. 그 속에서 우리는 밤낮 자라는 것입니다.

물론 우리 삶은 완벽할 수 없습니다. 게다가 우리는 그동안 자신의 신앙을 확인할 때 완벽하고 흠 없는 것에 기준을 두었기 때문에 늘 자기 자신을 부족하게 여깁니다. 그러나 구원이 신분과 관계의 문제라는 사실을 제대로 이해한다면, 하나님의 일하심과 우리 자신에 대해 좀 더 나은 이해를 가질 수 있게 됩니다. 우리는 그 무엇으로도 끊을 수 없는 경이로운 관계 속에 이미 들어와 있는 것입니다.

윤 율법은 하나의 기준 같은 것일까요?

박 율법은 기본입니다. 건물을 세우는 기초나 물건을 담는 그릇 같은 것입니다. 그런 틀이 있어야 무언가를 세우고, 담아낼 수 있겠지요. 그러니 도덕적 흠이 있다면 말이 안 되는 것입니다. 그렇다고 도덕적 완벽함이 신앙의 궁극적 목표는 아닙니다. 도덕이라는 무대 위에서 멋진 공연을 하는 일이 훨씬 중요합니다.

🅨 우리를 성삼위 하나님의 거룩한 교제 안에 참여시키시고 그 일을 통해서 하나님의 성품을 닮은 참된 인격을 우리 안에 만드시는 일이 하나님께서 우리를 구원하신 궁극적인 목적이라고 보아도 될까요?

🅑 그렇습니다. 사랑이나 믿음이라는 것은 상대가 없으면 성립되지 않습니다. 하나님은 부족한 것이 하나도 없으신 분입니다. 그런 하나님께서 오직 우리로 인해 풍성하기로 하셨다는데, 우리는 자꾸 아니라고 고집을 부립니다. 제 또래 친구들은 하나같이 손주들 이야기만 나오면 분위기가 확 달라집니다. 손주라는 존재가 주는 희열은 말로 형용할 수조차 없습니다. 그동안 이렇게 지극한 기쁨을 주는 대상 없이 어떻게 살아 왔나 싶은 생각까지 듭니다. 하나님께서 우리를 그런 대상으로 삼으셨습니다.

결혼이 그렇습니다. 옛날에는 결혼하면서 가문이나 사

회적 지위를 많이 따졌지요. 그래서 그런 조건들의 차이가 결혼을 결심한 사람들을 어렵게 하는 대표적 난관이었습니다. 그런데 어찌어찌해서 막상 결혼하게 되면 모든 조건들이 무의미해집니다. 부부 관계에서는 신분의 귀천이나 재산의 유무가 무의미합니다. 그런 것들을 다 넘어서서 하나가 됩니다. 때로는 아내가 똑똑하고 남편이 무학(無學)일 수도 있고 그 반대의 경우도 있는데, 이 모든 차이가 부부 관계에서는 별 의미가 없습니다.

마찬가지로 하나님께서 우리에게 사랑의 관계를 요구하십니다. 그 일로 하나님께서 당신의 나라를 풍성하게 하십니다. 거기에 기쁨과 영광을 한껏 담아내십니다. 그리운 사람을 만나게 되면 생기는 반가움과 성악가 둘이 화음을 넣어 부르는 노래 같은 아름다운 일들을 목적하십니다.

⊕ 구원이 사랑의 관계를 목적하고 있고, 하나님께서 당신의 나라를 그 일로 풍성하게 하신다는 말씀이 인상적입니다. 흔히 우리가 '하나님 나라를 위해 일한다'와 같은 말을 할 때는 사회적 실천, 즉 정의 사회 구현이나 약자와의 연대 같은 공동의 가치에 초점을 맞추는 경우가 많습니다. 목사님께서는 그런 가치들을 추구하기에 앞서 초점을

맞출 영역은 우리가 서로에게 반가운 대상이 되어 줌으로써 갖게 되는 신적 기쁨의 향유에 있다고 생각하시는 듯합니다. 이렇게 이해해도 될까요?

🅱 사회적 책임을 지는 문제는 매우 중요합니다. 왜냐하면 주님이 오시기 전까지 인류 공동체가 망하지 않도록 해야 하는 책임이 우리에게 있기 때문입니다. 그러나 그 이상의 욕망을 가지는 것, 예를 들어 정의로운 나라를 만든다는 식의 욕망은 좀 더 신중하게 생각해 보아야 합니다. 자칫하면 우리가 감당할 수 있는 수준에서 자기 역할을 감당하는 정도를 넘어 국가와 사회를 건설하는 일에 소모되어 버릴 수 있기 때문입니다.

예전에 어떤 분이 설교하면서 인도의 간디가 한 말을 예로 드시는 것을 들었습니다. 간디가 기독교 선교사들에게 "당신들이 믿는 예수처럼 당신들이 행동했다면 우리가 다 예수를 믿었을 것이다"라고 말했다고 합니다. 지극히 당연한 말이고 뼈아픈 지적입니다. 하지만 여기서 간과해서는 안 될 중요한 사항이 하나 있습니다. 하나님께서 우리에게 왜 그런 못난 상태, 즉 예수를 목표로 하고 살지만 거기에 훨씬 못 미치는 상태를 허락하시는가 하는 것입니다. 그리고 세상은 왜 여전히 예수를 핍박했던 그 모습 그대로 권력을 유지하고 있는가, 이 두 문제를 잘 생각해 보아야 합니다.

성경은 우리가 멍에 아래에 있는 종이라면 종의 역할에 충실하라고 권면합니다(딤전 6:1-2 참조). 억울함을 감수하라고 합니다. 저는 사회가 민주 사회로 발전하는 것과 개인의 신앙이 성숙하는 것이 반드시 함께 간다고는 생각하지 않습니다. 좋은 사회 속에서 편안한 인생이 되면 오히려 신앙이 자라지 않는 경우가 많습니다. 그래서 하나님께서 이 부정한 사회를 멸망시키지 않고 이렇게 놔두시는지도 모르지요.

그런데 놀라운 것은 그 속에 우리를 두셔서 '나를 믿는 자는 내가 하는 일을 그도 할 것이요 또한 그보다 큰 일도 하리니'(요 14:12)라는 말씀을 이루어 내십니다. 그 안에서 우리가 지는 책임이 우리를 만들어 가기도 합니다. 그렇지 않습니까? 할 말 다 했다고 책임이 끝난 게 아닙니다. 그 말에 걸맞은 책임을 감수하는 사람이 되어야 합니다. 이렇게 자라나야 합니다. 이 지점에서 자칫하면 권력 싸움으로 가게 되는데, 그러면 속는 것입니다. 우리의 길은 권력을 쟁취하거나 행사하기 위한 것이 아닙니다.

신앙의 요청

우리는 빛입니다. 사람들이 우리를 보면 '인간은 이래야 맞다' 하는 도전을 받아야 합니다. 그 이상은 우리에게 보편적으로 주어지지 않았습니다. 예전에 김수환 추기경이 정의롭지 못한 정치나 사회 현실에 대해 "이건 아닙니다"라고 하셨지요. 거기까지입니다. 그런 말을 하신 후 권력에 붙어 힘을 모으지 않으셨습니다. "이건 아닙니다" 하는 정도가 우리가 질 수 있는 사회적 책임이라고 생각합니다.

하나님께서는 성숙한 인격, 풍성한 관계 같은 것으로 우리를 부르고 계십니다. 우리에게 세상을 이렇게 책임지라고 하십니다. 주어진 자리와 역할 안에서 살아 보라, 그 속에서 너희가 도전이 되고 증인이 되라, 이렇게 명하십니다. 얼마나 놀라운 역할입니까.

[믿음]

🔵 우리가 각자의 자리에서 그런 역할을 제대로 감당하다 보면, 역설적으로 세상이 좀 더 살 만하게 변하지 않을까요?

⚫ 물론입니다. 그런데 제가 주의하라고 부탁드리고 싶은 것은 이런 일들이 종종 승부가 되어 버릴 위험이 있다는 것입니다. 그런 일이 무섭습니다. 각자가 내세우는 가치

를 추구하는 일이 승부가 되면 예수가 죽지 않으신 것 같은 일이 벌어집니다. 결국 상대방을 뭉개 버리려고 하지요. 그런 비극이 역사 내내 일어납니다. 그러니 우리는 자신에게 주어진 역할이 어디까지인지 신중하게 살펴야 합니다.

주께서는 우리의 장애나 우리가 직면한 위협들을 제거하는 방식으로 일하지 않으십니다. 예수님은 그것들을 다 끌어안으십니다. 그리고 그것들을 넘어서십니다.

🔵 현실에서 방해와 도전을 회피하는 것이 아니라 다 끌어안고 그것으로 한 걸음 더 나아가셨다는 말씀이신가요?

🔴 그렇지요. 아무런 문제없는 편안함이 평안은 아니라는 것입니다.

🔵 기독교인들이 마땅히 져야 하는 책임과 행해야 하는 실천으로서 방금 하신 말씀은 굉장히 윤리적이라는 생각이 듭니다.

🔴 우리는 마땅히 윤리를 실천해야 합니다. 그리고 윤리

를 실천하는 대상이 이웃이라는 사실을 명심해야 합니다. 우선 내 주변의 가족과 친지들, 같은 동네에 사는 이웃들, 교회에 함께 속한 교우들에게 힘이 되어야지요.

대개 사람들은 단체를 만들고 사회적 발언을 하는 등 보란 듯이 일하고 싶어 합니다. 명분과 힘을 갖고 싶은 거지요. 그런데 그런 일들은 한 인간을 인격적으로 다듬어가는 일과는 무관할 수 있습니다. 이것 또한 일종의 승리주의라고 할 수 있습니다.

윤 그렇군요. 목사님께서는 그런 식으로 확인하지 말고 우리 각자의 자리에서부터 시작하자는 말씀이시죠?

박 그 이상의 사회적 책임은 부름을 받아야 되는 거라고 생각해요.

2

3차 세계관

앞 장에서 우리는 구원을 핑계로 내세 도피적이거나 또는 승리주의적 우월감으로 현실을 외면해서는 안 된다는 내용을 나누었습니다. 신앙관을 분류하는 방법은 여러 가지가 있겠지만, 저는 이렇게 둘로 분류해 보았습니다. 하나는 실존적 신앙관이고, 다른 하나는 역사적 신앙관입니다. 실존적 신앙관은 자신이 이해하고 아는 것에 기반을 둔 신앙관입니다. 역사적 신앙관은 자신의 이해와 확인보다 더 큰 범위와 차원을 헤아리려는 신앙관입니다. 이번 장에서는 역사적 신앙관에 근거하여 3차 세계관이라는 개념을 제시하고자 합니다.

실존적 신앙관과 역사적 신앙관

—

사람들이 신앙을 처음 가지게 될 때, 대부분은 실존적 신앙관에서 시작합니다. 생각해 보면 당연한 이치입니다. 예수를 만나는 개인적 체험, 즉 그분과 인격적 관계를 맺고 영혼의 깨달음과 복음에 대한 반응이 생기는 실존적 사건을 대개 신앙의 시작점으로 갖고 있기 때문입니다.

그런데 기독교 신앙의 세계 안으로 들어온 다음에 우리에게 일어난 일을 헤아려 보면 깨닫게 되는 사실이 있습니다. 예수님은 이미 이천 년 전에 오셔서 십자가에서 돌아가셨고 부활하셨습니다. 전부 다 과거에 이루어진 일들입니다. 게다가 그 일이 일어나기 전에는 구약의 약속과 예언들이 있었습니다. 오늘 내가 그 사실을 아는가 모르는가, 믿는가 안 믿는가와 상관없이 그보다 큰일이 일어났고 성경에 이미 소개되어 있는 것입니다.

하지만 우리는 성경을 읽을 때 자신의 경험에 국한하여 읽는 바람에 성경을 제대로 읽는 경우가 드뭅니다. 특히 구약에 대한 이해가 매우 빈약합니다. 이스라엘의 장구한 역사를 이해하기 위해서는 그에 걸맞은 해석의 틀이 필요합니다. 그러나 우리는 성경을 읽을 때 한 개인의 실존적 체험의 영역이라는 제한된 렌즈로 볼 때가 많습니다.

우리가 구약을 읽을 때 당황하는 이유 중 하나는 이스라엘 민족의 실패가 계속해서 반복된다는 사실입니다. 보통 이 일을 순종과 불순종의 문제로 해석합니다. 하지만 이 문제는 역사적 신앙관을 통해 좀 더 넓은 관점으로 이해해야 합니다.

이사야서에 나타난 1, 2, 3차 세계관

—

폴 D. 핸슨(Paul D. Hanson)이라는 구약 신학자가 있습니다. 그는 현대성서주석(Interpretation) 시리즈에서 이사야 주석*을 집필했습니다. 이 신학자의 이사야 해석 중에 우리가 나눌 역사적 신앙관에 대한 설명이 나옵니다.

이사야서는 총 66장으로 이루어져 있습니다. 1장에서 39장까지의 역사적 배경은 유다의 몰락입니다. 40장에서 55장은 바벨론 포로기가 배경이고, 56장에서 66장은 포로 생활에서 돌아온 후의 상황을 배경으로 합니다. 이런 역사적 배경의 차이에 따라 편의상 제1, 제2, 제3 이사야로 구분하겠습니다.

제1 이사야는 '율법적 세계관'이 중요한 전제로 깔려 있습니다. 율법적 세계관이란, 잘잘못의 구분이 중심이 되는 세계관이라고 할 수 있습니다. 이사야 1장에서 39장까지는 남 왕국 유다가 하나님 앞에 죄를 범하여 결국 나라가 몰락하는 심판을 받게 되었다는 내용을 다룹니다. 그런데 그 내용을 찬찬히 살펴보면 그러한 서술의 배경에는 그들

* 폴 D. 핸슨 지음, 이인세 옮김, 《현대성서주석_이사야 40-66》, 한국장로교출판사, 2012년.

이 율법을 어겼기 때문이라는 율법적 세계관이 전제되어 있음을 보게 됩니다.

제2 이사야에 속하는 이사야 40장에서 55장까지는 바벨론 포로기가 배경입니다. 포로였던 유다의 회복을 예언합니다. 포로로 잡혀갔던 이들이 아무런 조건 없이 본토로 귀환하게 될 것이라고 하나님께서 약속하십니다. '너희가 본토로 돌아올 때는 산과 하늘이 찬양할 것이라'라는 감격과 기쁨이 있을 거라고 합니다. 여기서는 잘잘못을 철저하게 따지지 않습니다. 오히려 하나님의 은혜를 집중적으로 논하고 있습니다. 이런 논의의 배경에는 '은혜의 세계관'이 있다고 말할 수 있습니다.

제3 이사야의 역사적 배경은 포로에서 귀환한 다음의 상황입니다. 은혜의 약속이 실현되어 이스라엘 백성은 고향으로 되돌아왔습니다. 성전도 다시 지었습니다. 그런데 그 지점에서 다시 신앙의 실패를 맛보게 됩니다. 구약성경의 맨 마지막 책인 말라기에 의하면 '너희 중에 성전 문을 닫을 자가 있었으면 좋겠도다'(말 1:10)라는 하나님의 한탄이 기록되어 있습니다. 오죽하면 하나님께서 이런 말씀을 하셨을까요.

정리해 보면 이사야는 율법적 세계관에 근거하여 하나

님께 죄를 범한 유다가 심판받는 내용으로 시작합니다. 중간에 하나님께서 은혜를 베푸셔서 아무 조건 없이 그들을 회복하시는 은혜의 세계관으로 전환됩니다. 그런데 이 전환으로 끝나지 않고 그들을 다시 꾸짖으시는 3차 세계관으로 마무리됩니다.

율법적 세계관과 은혜의 세계관은 비교적 쉽게 이해됩니다. 그러나 3차 세계관을 이해하는 것은 만만치 않습니다. 하나님은 은혜로 회복하신 그들을 왜 다시 꾸짖으실까요? 율법에서 은혜로 나아왔는데, 다시 율법으로 돌아가는 것일까요?

그렇지 않습니다. 2차 세계관에서 1차 세계관으로 돌아간 것이 아닙니다. 한 걸음 더 높은 수준의 세계관으로 그들을 이끄신 것입니다. 그 지점을 3차 세계관이라고 이름 붙였는데, 이 세계관은 '자유와 책임의 세계관'이라고 할 수 있습니다.

자유와 책임의 세계관

—

1차 세계관인 율법적 세계관, 2차 세계관인 은혜의 세계관, 3차 세계관인 자유와 책임의 세계관, 이런 구분은 매우 중요합니다. 율법과 은혜만 생각해 보아도 우리는 그 둘을 만족스럽게 이해하지 못합니다. 율법을 무시할 수 없고 은혜도 외면할 수 없기 때문입니다. 은혜의 필요를 알지만 은혜를 강조하면 율법이 설 자리가 없고 율법을 강조하면 은혜가 설 자리가 없습니다. 그런데 여기서 하나님의 지혜가 발휘됩니다.

율법이 하는 일은 정죄입니다. 율법으로 의롭다 함을 받을 육체는 없습니다. 그것이 로마서 3장의 결정적 증언입니다.

> 모든 사람이 죄를 범하였으매 하나님의 영광에 이르지 못하더니 그리스도 예수 안에 있는 속량으로 말미암아 하나님의 은혜로 값 없이 의롭다 하심을 얻은 자 되었느니라
>
> **롬 3:23-24**

율법은 모든 사람을 정죄할 수 있습니다. 구원은 예수 그

리스도로 말미암는 은혜에 의한 것입니다. 그런데 살아 보면 은혜를 지나치게 강조한 나머지 윤리나 도덕이 무너 지는 경우를 종종 봅니다. 과연 은혜가 율법을 지울 수 있 을까요? 그럴 수 없다면 율법은 은혜에 대하여 어떤 역할 을 하는 것일까요?

성경은 율법이 우리를 정죄하여 은혜로 민다고 이야기 합니다. 정죄가 없으면, 죄책감이 없으면, 은혜가 은혜 되 지 못합니다. 우리를 은혜의 세계로 미는 일을 율법이 감 당합니다. 율법은 은혜를 담는 그릇입니다. 은혜는 율법이 없으면 담길 곳이 없습니다. 율법이 은혜를 만들지 않습 니다. 율법이 은혜를 담습니다. 은혜는 기쁘고 복된 것이 지만, 그 전에 우리 모두 율법으로 말미암아 정죄되었다 는 전제가 없으면 은혜가 은혜 노릇을 할 수 없습니다.

그렇다면 하나님은 은혜로 무엇을 하시려는 걸까요? 은혜는 우리의 최종 목적지가 아닙니다. 은혜는 우리를 책임으로 밉니다. 책임을 지려면 선택권이 있어야 합니다. 내가 선택하지 않은 일에 책임을 질 수는 없는 노릇입니 다. 선택권이 있어야 책임도 질 수 있습니다. 그리고 선택 을 하려면 자유가 있어야 합니다.

하나님께서 우리에게 궁극적으로 요구하시는 자리는

율법과 은혜를 넘어 자유와 책임을 지는 자리입니다. 그분은 우리를 그곳에 부합한 사람으로 자라 가게 하십니다. 자유는 선택권이 있어야 가능합니다. 올바른 것을 선택하는 일에 가장 필요한 덕목은 무엇일까요? 바로 지혜와 분별입니다. 지혜와 분별을 함양하려면 어떻게 해야 할까요? 경험과 기회가 있어야 합니다.

역사적 신앙관의 필요

—

이 지점에서 우리는 역사적 신앙관의 필요를 이해하게 됩니다. 초시간적 경험 안에서는 참된 신앙의 감격을 누릴 수 없습니다. 우리의 신앙을 시간 속에서 누적하고 연결하는 역사적 신앙관이 필요합니다. 그럴 때에야 '내가 기뻤다', '내가 울었다'와 같은, 시간 속에서 누리는 자신의 감격과 확신들이 개인적 체험을 넘어 역사적 맥락을 가지게 됩니다. 이 역사적 맥락을 이해해야만 율법적 세계관과 은혜의 세계관을 넘어 자유와 책임의 세계관으로 나아갈 수 있습니다.

하나님은 우리를 성숙한 자리로 인도하고자 하십니다. 그래서 우리에게 자유를 누리게 하시고, 책임을 지게 하십니다. 때로는 우리가 한 잘못된 선택의 결과로 하나님께 꾸중을 듣기도 합니다. 하지만 그 모든 일 속에서 하나님은 우리를 키워 가십니다. 이것이 성경에 나와 있는 이스라엘 역사가 우리에게 중점적으로 들려주는 이야기입니다. 하나님께서 우리를 자유인으로 부르셨을 뿐만 아니라 우리의 선택이 그분의 은혜에 부합한 책임을 지게 하는 복된 자리로 가게 하는 역할을 한다는 것이 성경의 중요한 주제입니다.

하나님께서 우리에게 자유와 선택권을 주셨다고 말하면 많은 사람이 놀랍니다. 자유가 방종을 만든다는 생각 때문입니다. 반대로 책임을 강조하면 율법주의로 돌아가자는 주장이냐고 묻는 사람이 있습니다. 하지만 이 대목에서 우리는 균형 있게 이해해야 합니다. 신약시대를 살아가는 우리에게 왜 구약 성경이 여전히 하나님의 말씀으로 주어져 있을까요? 그 속에 기록되어 있는 이스라엘 역사가 증명하는 하나님의 뜻과 의지를 기반으로 기독교 신앙을 이해하고 정리해야 하기 때문입니다. 그때 우리는 성경이 지시하는 자유와 책임의 자리로 갈 수 있습니다.

이스라엘 역사를 통해서 확인하는 것은 율법과 은혜가 서로 충돌하지 않는다는 것입니다. 오히려 그 둘이 우리를 자유와 책임으로 나아가게 합니다. 게다가 유구한 시간 속에서 우리에게 선택할 수 있는 기회가 계속 주어진다는 것을 알게 되면, 우리는 자신의 신앙을 자라나는 과정으로 이해할 수 있습니다. 우리의 잘못을 잘못에 그치지 않고 다음에 더 잘할 수 있도록 하는 경험과 기회로 받아들이게 됩니다.

그렇지 않으면 모든 일이 잘한 일과 잘못한 일로 구분되어 실패를 용납하지 않고 명분으로서의 완벽함을 요구하는 데에 사로잡히게 됩니다. 여기가 무섭습니다. 모든 마음의 불안을 끝없이 회개하는 방식으로 해결하여 감정을 치유합니다. 내가 할 일은 다 했으니 나머지는 하나님께서 책임지시라고 떠밉니다. 그렇게 하지 마십시오. 우리는 한 걸음씩 더 나은 지혜와 분별로 나아가야 합니다.

우리가 잘못하는 것은 실력이 없기 때문입니다. 실력은 연습해야 늡니다. 그 과정에서 누군가의 지도를 받아야 합니다. 지도를 받고 그 내용대로 연습하는 일에는 많은 시행착오가 따릅니다. 언제나 만족스럽지 않습니다. 늘 자책감에 시달립니다. 그것이 정상입니다.

그런데도 우리는 자책감을 씻어 버리고 마음에 아무런 흠도 없는 평안을 가져야 한다고 생각하는 경향이 있습니다. 그 바람에 시간에서 얻어지는 경험과 성장을 외면하고 초시간적인 감격만을 바라게 되었습니다. 그렇지 않아도 뜻대로 되지 않는 신앙생활 때문에 현실이 괴로운데, 시간을 떠난 명분에 대한 강요까지 더해져서 혼란만 가중됩니다.

그렇지 않습니다. 시간이 필요합니다. 그 속에서 시행착오를 계속 겪어 내야 합니다. 그렇게 차츰차츰 커 나가야 합니다. 자라나야 합니다.

시간과 과정의 의미

—

에베소서에는 우리가 잘 아는 이런 말씀이 있습니다.

우리가 다 하나님의 아들을 믿는 것과 아는 일에 하나가 되어 온전한 사람을 이루어 그리스도의 장성한 분량이 충만한 데까지 이르리니 엡 4:13

그리스도의 장성한 분량이 충만한 데까지 자라나야 합니다. 하나님은 인류 역사 내내 우리를 기르고 계십니다. 우리는 시험과 도전 속에서 자신의 실력과 약점을 발견해가고 고쳐 갑니다. 그런 과정에서 하나님의 것이 우리 것이 되는 일을 경험합니다. 한 번의 간절한 기도나 한 번의 진실한 행위로 때울 수 없습니다. 시간을 초월하여 단번에 완성되는 신앙이란 없습니다.

20세기를 성령의 시대라고 말하는 기독교 역사학자들이 있습니다. 우리도 이 시대를 거치면서 놀라운 은사가 주어지고 부흥이 일어나는 역사를 지켜보았습니다. 그런 일들은 우리에게 확신과 감격을 주고 우리를 놀라게 합니다. 하지만 그것이 아무리 대단한 일이라고 하더라도 우리의 시간을 대신해 주지 않는다는 점을 기억해야 합니다.

성령은 우리를 기쁨과 감격의 자리를 지나 새로운 자리로 이끄십니다. 혹여 그때의 감격이 왜 지금 계속 반복되지 않고, 예전에 경험했던 신앙의 뜨거움이 왜 오늘의 현실에 이토록 무력하냐고 묻는다면, 아직 시간과 과정의 의미를 모르는 것입니다. 하나님은 계속해서 막막한 인생으로 우리를 이끌고 계십니다. 이스라엘 역사가 그렇듯이 말입니다.

출애굽 당시 이스라엘은 하나님께서 역사하신 열 가지 재앙과 홍해 사건을 통해 경험한 놀라운 감격을 광야에서 다 잃어버립니다. 그러나 어찌 됐든 이스라엘은 가나안에 들어갑니다. 약속의 땅에 들어간 이들은 사사 시대를 경험합니다. 하나님의 심판 아래에서 늘 전전긍긍하던 시기입니다. 그 시대를 지나 다윗 왕이 세워지면서 그들의 형편이 좀 나아지나 했더니 열왕기에서는 나라가 찢어지고 맙니다. 이후에 다윗 같은 선한 왕은 거의 나오지 않습니다. 계속되는 경고에도 우상 숭배를 반복하다가 결국 나라가 망합니다. 이런 말도 안 되는 역사가 왜 이어질까요? 무의미한 실패의 반복에 불과해 보이는데 말입니다.

그런데 나라는 망했지만 이스라엘 역사는 끝나지 않습니다. 이스라엘은 한 걸음씩 더 나아갑니다. 이렇게 더 나아가는 이야기가 성경에 있다는 사실을 알아야 합니다. 그렇지 않으면 순종을 오해하게 됩니다. 단지 자유를 포기하는 것이 순종이라고 생각하게 됩니다. 신앙생활을 하면서 종종 이런 고백을 할 때가 있습니다. "하나님, 제 뜻대로 마시고 하나님 뜻대로 하십시오." 이런 고백은 표현만 놓고 보면 진실한 신앙 고백 같습니다. 그러나 때때로 이런 고백은 이 말을 하는 이의 무책임을 교묘하게 감추는 수단이 되기도 합니다. '하나님께서 다 알아서 하십시오. 저는 책임 안 지겠습니다'라는 뜻이 들어 있습니다.

우리의 회개는 실패가 반복되고 자책이 이어지는 막막한 현실 속에서 잘못에 대한 죄책감을 감정적으로 지워 버리는 수단이 되면 안 됩니다. 잘못한 일 그다음 단계로 나아가는 회개여야 합니다. 율법이 우리를 정죄하는 것으로 끝나지 않고 은혜의 자리로 미는 것처럼 말입니다. 은혜는 단지 우리의 잘못을 지우는 것이 아니라 우리를 자유와 책임으로 나아가게 밉니다. 이것이 바로 성숙한 신앙입니다.

이런 자유와 순종 그리고 성숙한 신앙의 문제와 관련한 하나님의 뜻은 이스라엘 역사와 예수님의 말씀 속에서 너무나 분명합니다. 그런데도 자꾸 "하나님, 하나님의 뜻이 무엇입니까? 구체적인 뜻을 알려 주시기 전에는 한 발자국도 움직이지 않겠습니다"라며 하나님의 뜻을 계속 묻는 경우가 종종 있습니다. 이것 또한 자신의 책임을 면하려는 의도입니다.

자유와 책임을 회피하지 말고 지금 할 수 있는 것을 하십시오. 물론 언제나 옳을 수는 없습니다. 내가 무언가를 잘못 선택해서 일이 어려워지는 때가 있습니다. 그렇다고 그때 내가 잘못했기 때문이라는 자책에만 머물러 있으면 안 됩니다. 거기서 하나 더 나아가야 합니다. '내가 실력이 없었다. 지혜도 부족했다. 그러나 다음에는 더 잘하리라'라며 마음을 굳게 먹어야 합니다. 하나님께서 우리에게 마음껏 해 보라고 하십니다.

포도나무 비유와 씨 뿌리는 비유

—

이 문제를 잘 이해하기 위해서 요한복음 15장에 나오는 포도나무 비유를 살펴보겠습니다.

> 나는 포도나무요 너희는 가지라 그가 내 안에, 내가 그 안에 거하면 사람이 열매를 많이 맺나니 나를 떠나서는 너희가 아무 것도 할 수 없음이라 사람이 내 안에 거하지 아니하면 가지처럼 밖에 버려져 마르나니 사람들이 그것을 모아다가 불에 던져 사르느니라 너희가 내 안에 거하고 내 말이 너희 안에 거하면 무엇이든지 원하는 대로 구하라 그리하면 이루리라 **요 15:5-7**

예수께서 '나는 포도나무요 너희는 가지니 너희가 내 안에 거하면 열매를 많이 맺고, 나를 떠나면 나무에서 떨어진 가지처럼 버려져 마를 것'이라고 말씀하십니다. 그런데 이 말씀은 우리가 예수께 붙어 있기만 하면, 그 어떤 일도할 필요가 없다는 말일까요? 그렇지 않습니다. 이 비유의 의미를 그렇게 쉽게 생각하면 본문이 지닌 깊은 의미를 놓칠 수 있습니다.

마태복음 13장에는 씨 뿌리는 비유가 나오는데, 포도나무 비유를 이해하려면 반드시 함께 살펴보아야 하는 말씀입니다.

> 예수께서 비유로 여러 가지를 그들에게 말씀하여 이르시되 씨를 뿌리는 자가 뿌리러 나가서 뿌릴새 더러는 길 가에 떨어지매 새들이 와서 먹어버렸고 더러는 흙이 얕은 돌밭에 떨어지매 흙이 깊지 아니하므로 곧 싹이 나오나해가 돋은 후에 타서 뿌리가 없으므로 말랐고 더러는 가시떨기 위에 떨어지매 가시가 자라서 기운을 막았고 더러는 좋은 땅에 떨어지매 어떤 것은 백 배, 어떤 것은 육십배, 어떤 것은 삼십 배의 결실을 하였느니라 귀 있는 자는들으라 하시니라 마 13:3-9

흔히 이 말씀에서 '옥토가 되자'라는 교훈을 뽑아내곤 합니다. 하지만 이는 너무 쉬운 적용입니다. 이 말씀은 그런 이야기가 아닙니다. 그렇게 단순하고 뻔한 이야기는 비유로 말할 필요도 없습니다. 예수님은 이 비유를 말씀하신 후에 비유의 의미를 묻는 제자들에게 이사야 6장을 인용하여 말씀하십니다.

제자들이 예수께 나아와 이르되 어찌하여 그들에게 비유로 말씀하시나이까 대답하여 이르시되 천국의 비밀을 아는 것이 너희에게는 허락되었으나 그들에게는 아니되었나니 무릇 있는 자는 받아 넉넉하게 되되 없는 자는 그 있는 것도 빼앗기리라 그러므로 내가 그들에게 비유로 말하는 것은 그들이 보아도 보지 못하며 들어도 듣지 못하며 깨닫지 못함이니라 이사야의 예언이 그들에게 이루어졌으니 일렀으되 너희가 듣기는 들어도 깨닫지 못할 것이요 보기는 보아도 알지 못하리라 이 백성들의 마음이 완악하여져서 그 귀는 듣기에 둔하고 눈은 감았으니 이는 눈으로 보고 귀로 듣고 마음으로 깨달아 돌이켜 내게 고침을 받을까 두려워함이라 하였느니라 그러나 너희 눈은 봄으로, 너희 귀는 들음으로 복이 있도다 내가 진실로 너희

에게 이르노니 많은 선지자와 의인이 너희가 보는 것들을
보고자 하여도 보지 못하였고 너희가 듣는 것들을 듣고자
하여도 듣지 못하였느니라 마 13:10-17

하나님께서 이사야 선지자를 불러 사명을 주실 때 이렇게
말씀하십니다. '그들은 네가 전하는 이야기를 들어도 깨닫
지 못하고 보아도 알지 못할 것이다.' 이사야는 자신이 아
무리 열심히 사역을 해도 그 열매를 자기 눈으로 확인할
수 없는 그런 애매한 자리를 감당하는 소명을 받았습니다.

그런데 예수님은 이 예언이 오늘 이루어졌다고 말씀하
십니다. '선지자들이 전한 하나님의 말씀을 듣고 누구도
깨닫지 못했다. 그런데 내가 왔다. 그 예언이 내 안에서 이
루어졌다. 물론 이사야 선지자가 받았던 소명처럼 지금도
내가 전하는 말을 들으나 아무도 깨닫지 못하고 있다. 그
래서 내가 왔다'라고 하십니다. 이해하기 만만치 않은 말
씀입니다. 조금 더 구체적으로 풀면 이런 뜻입니다. '너희
모든 선지자는 나의 때 보기를 기다렸다. 하지만 그들은
자신들이 예언하고 사역한 일의 결과를 볼 수 없었다. 그
러나 너희는 지금 나를 보고 있다. 나를 봄으로 복이 있다.
너희가 옥토라서 열매를 맺는 것이 아니다. 열매를 맺을

수 없는 밭에서 열매를 맺게 하는 이가 바로 나다'라는 이야기입니다.

그 땅이 원래 옥토라서가 아니라 예수께서 그곳에서 열매를 맺음으로써 그 땅이 옥토로 바뀝니다. 우리는 돌밭이고 가시밭이었습니다. 씨가 아무리 뿌려져도 열매를 맺을 수 없는 밭이었습니다. 그런데 예수께서 부활의 열매가 되심으로써 우리는 옥토라는 이름을 가지게 되었습니다. 이것이 씨 뿌리는 비유의 핵심입니다.

이 사실을 염두에 두고 포도나무 비유를 다시 생각해 봅시다. 포도나무 비유는 '우리가 나무에 붙어 있나 떨어져 있나'를 점검하는 이야기가 아닙니다. 우리는 떨어질 수 없습니다. 다만 붙어 있는데 구실을 못할 수는 있습니다. 여기서 자유와 책임의 문제가 대두됩니다. 이 부분을 확실하게 정립하지 않으면, 매번 '나는 나무에 붙어 있는가 떨어져 있는가'로 점검하고, 잘했는지 못했는지를 따지는 일에 시간을 허비하게 됩니다. 나무에 붙어 있으면서도 자라나 꽃피고 열매 맺는 일로는 못 나아가는 것입니다.

반석 위에 지은 집의 비유

—

마태복음 7장에 나오는 '반석 위에 지은 집과 모래 위에
지은 집의 비유'도 이 문제에 대한 좋은 설명을 제공합니
다. 그런데 이 비유 앞에 이런 말씀이 있습니다.

> 거짓 선지자들을 삼가라 양의 옷을 입고 너희에게 나아오
> 나 속에는 노략질하는 이리라 그들의 열매로 그들을 알지
> 니 가시나무에서 포도를, 또는 엉겅퀴에서 무화과를 따겠
> 느냐 이와 같이 좋은 나무마다 아름다운 열매를 맺고 못
> 된 나무가 나쁜 열매를 맺나니 좋은 나무가 나쁜 열매를
> 맺을 수 없고 못된 나무가 아름다운 열매를 맺을 수 없느
> 니라 아름다운 열매를 맺지 아니하는 나무마다 찍혀 불에
> 던져지느니라 이러므로 그들의 열매로 그들을 알리라 나
> 더러 주여 주여 하는 자마다 다 천국에 들어갈 것이 아니
> 요 다만 하늘에 계신 내 아버지의 뜻대로 행하는 자라야
> 들어가리라 그 날에 많은 사람이 나더러 이르되 주여 주
> 여 우리가 주의 이름으로 선지자 노릇 하며 주의 이름으
> 로 귀신을 쫓아 내며 주의 이름으로 많은 권능을 행하지
> 아니하였나이까 하리니 그 때에 내가 그들에게 밝히 말하

되 내가 너희를 도무지 알지 못하니 불법을 행하는 자들아 내게서 떠나가라 하리라 마 7:15-23

이 본문에는 '주의 이름'이라는 문구가 반복되어 나옵니다. 주의 이름으로 행했다고 하는 자들에게 예수님은 '내가 너희를 도무지 알지 못하니 불법을 행하는 자들아 내게서 떠나가라'라고 말씀하십니다. 그러면서 "나를 따르고 나의 진정한 제자가 되려면 그 집을 반석 위에 지어야 한다"라고 말씀하십니다.

그러므로 누구든지 나의 이 말을 듣고 행하는 자는 그 집을 반석 위에 지은 지혜로운 사람 같으리니 비가 내리고 창수가 나고 바람이 불어 그 집에 부딪치되 무너지지 아니하나니 이는 주추를 반석 위에 놓은 까닭이요 나의 이 말을 듣고 행하지 아니하는 자는 그 집을 모래 위에 지은 어리석은 사람 같으리니 비가 내리고 창수가 나고 바람이 불어 그 집에 부딪치매 무너져 그 무너짐이 심하니라 마 7:24-27

집을 지었는지 안 지었는지, 그리고 어떤 집을 지었는지는 중요하지 않습니다. 어디에 지었는지가 중요합니다. 이

것이 이 비유의 핵심입니다. 여기서 반석은 예수를 가리킵니다. 이런 말씀입니다. '주의 이름으로 무엇을 했느냐가 중요한 것이 아니다. 너희는 내가 무얼 하려고 하는지 모른다. 그러나 나는 너희가 내 진정한 제자가 되기를 원한다. 내가 가는 길을 너희도 가게 하고자 한다. 그것은 사랑과 진리와 생명의 길이다. 세상에서 환영받지 못하는 길이다. 그러나 그 길은 살리는 길이다. 창조와 부활의 길이다.'

우리는 우리가 져야 할 책임을 내세와 감격과 승리주의에 떠넘기기 바쁩니다. 그래서 우리가 실제로 해야 하는 일, 아무도 알아주지 않고 감격하지 않는 현실을 묵묵히 감당하며 분투하는 일을 진실하고 참된 길로 여기지 못하며 자랑할 줄 모릅니다. 우리가 어디에 서 있는지를 확인하는 것으로 감사하고 만족하며 진정한 성숙을 이루어 가야 하는데 그러지 못합니다. 갈라디아서 5장은 이렇게 이야기합니다.

> 그리스도께서 우리를 자유롭게 하려고 자유를 주셨으니
> 그러므로 굳건하게 서서 다시는 종의 멍에를 메지 말라
> **갈 5:1**

공갈과 협박에 강요당하고 굴복해서가 아닌, 너희의 의지와 선택과 자랑과 명예로 신앙생활을 하라는 명령입니다. 16절부터는 성령을 따라 행하라, 육체를 따르지 말라고 하면서 이런 말씀이 이어집니다.

내가 이르노니 너희는 성령을 따라 행하라 그리하면 육체의 욕심을 이루지 아니하리라 육체의 소욕은 성령을 거스르고 성령은 육체를 거스르나니 이 둘이 서로 대적함으로 너희가 원하는 것을 하지 못하게 하려 함이니라 너희가 만일 성령의 인도하시는 바가 되면 율법 아래에 있지 아니하리라 육체의 일은 분명하니 곧 음행과 더러운 것과 호색과 우상 숭배와 주술과 원수 맺는 것과 분쟁과 시기와 분냄과 당 짓는 것과 분열함과 이단과 투기와 술 취함과 방탕함과 또 그와 같은 것들이라 전에 너희에게 경계한 것 같이 경계하노니 이런 일을 하는 자들은 하나님의 나라를 유업으로 받지 못할 것이요 오직 성령의 열매는 사랑과 희락과 화평과 오래 참음과 자비와 양선과 충성과 온유와 절제니 이같은 것을 금지할 법이 없느니라

갈 5:16 – 23

이 말씀은 '반석 위에 지은 집과 모래 위에 지은 집의 비유'가 주는 의미와 같습니다. 세워 놓은 건물을 비교하는 것이 아니라 무엇 위에 지었는지, 어떤 열매가 맺히고 있는지를 보아야 한다는 것입니다. 성령의 열매에는 능력과 권력에 관한 것이 없습니다. 전부 성품에 관한 것입니다. 목사는 능력이 있어야 하는 것이 아닙니다. 목사는 위대한 사람이어야 합니다. 성도 또한 마찬가지입니다. 세상에서 말하는 권력의 관점에서 위대하다는 말이 아닙니다. 자유와 책임으로 하나님의 통치에 참여하는 명예에 관한 위대함을 가리킵니다. 이 일에 감사하고 만족할 줄 알아야 합니다. 그것이 성도에게 주어진 진정한 위대함입니다.

시간의 역전

—

우리의 운명에 대한 최종 결정권은 누구 손에 달려 있는 것일까요? 우리에게 자유와 책임이 있다면, 하나님의 주권과 우리의 선택 사이에서 누구에게 최종 결정권이 있을까요? 이런 질문에 대한 답이 로마서 5장에 있습니다.

우리가 아직 죄인 되었을 때에 그리스도께서 우리를 위하여 죽으심으로 하나님께서 우리에 대한 자기의 사랑을 확증하셨느니라 롬 5:8

참으로 오묘한 말씀입니다. 하나님의 지혜와 권능과 성실을 근거로 하는 예수의 성육신과 십자가와 부활은 모든 인류를 향한 하나님의 뜻입니다. 예수께서는 우리가 태어나기도 전에 이미 우리를 위해 죽으셨습니다. 우리는 예수께서 세상을 구하시고 인류를 구원하시는 이 일을 모두 마치신 후에도 이어지고 있는 인류 역사 속에 태어났습니다. 아담의 후손, 즉 죄인으로 태어났습니다. 그리고 인생의 어느 시점에서 예수를 영접하게 됩니다. 그렇게 예수 믿는 인생을 살게 됩니다. 이렇게 예수 안에서 시간이 역전됩니다.

이러한 시간의 역전을 가장 잘 보여 주는 예가 이사야 7장에 나옵니다. 10절부터 보겠습니다.

여호와께서 또 아하스에게 말씀하여 이르시되 너는 네 하나님 여호와께 한 징조를 구하되 깊은 데에서든지 높은 데에서든지 구하라 하시니 아하스가 이르되 나는 구하지 아

니하겠나이다 나는 여호와를 시험하지 아니하겠나이다 한
지라 이사야가 이르되 다윗의 집이여 원하건대 들을지어
다 너희가 사람을 괴롭히고서 그것을 작은 일로 여겨 또
나의 하나님을 괴롭히려 하느냐 그러므로 주께서 친히 징
조를 너희에게 주실 것이라 보라 처녀가 잉태하여 아들을
낳을 것이요 그의 이름을 임마누엘이라 하리라 그가 악을
버리며 선을 택할 줄 알 때가 되면 엉긴 젖과 꿀을 먹을 것
이라 대저 이 아이가 악을 버리며 선을 택할 줄 알기 전에
네가 미워하는 두 왕의 땅이 황폐하게 되리라 사 7:10-16

아하스가 북 왕국 이스라엘과 앗수르의 연합군에 쩔쩔매
자 하나님께서 그에게 이사야를 보내 겁내지 말라고 말씀
하십니다. 그래도 아하스 왕이 믿지 못하자 하나님께서 그
에게 징조를 구하라고 하십니다. 그때 주어진 징조가 처녀
가 잉태하여 낳는 아들, 임마누엘에 대한 것이었습니다.

이사야 당시의 맥락에서 '처녀가 잉태하여 아들을 낳을
것이요 그의 이름을 임마누엘이라 하리라 그가 악을 버리
며 선을 택할 줄 알 때가 되면 엉긴 젖과 꿀을 먹을 것이라
대저 이 아이가 악을 버리며 선을 택할 줄 알기 전에 네가
미워하는 두 왕의 땅이 황폐하게 되리라'(사 7:14-16)라는

말씀은 어떤 처녀가 이다음에 결혼을 하고 아들을 낳아 그 아들이 악을 버리며 선을 택할 줄 알기까지의 기간을 의미합니다. 구약 학자들은 그 기간을 이십 년 정도로 봅니다. 그 기간에 북 왕국이 망할 것이라는 말입니다. 그런데 신약에서는 이 예언을 '동정녀 탄생'으로 받습니다. 구약의 예언이 신약으로 오면서 '처녀가 잉태하여 아들을 낳을 것이요 그의 이름을 임마누엘이라 하리라'로 받아 동정녀가 아이를 낳을 수 있다고 말씀하는 것입니다. 이것이 시간의 역전에 대한 성경의 예이고, 동정녀 탄생의 신비입니다.

우리가 아직 믿기 전, 우리가 무슨 결정을 하기 전에 하나님께서 당신의 백성들의 운명을 결정해 놓으셨습니다. 그리고 우리에게 '내가 선한 결과를 약속하니 지금 시대를 현실로 살아 보라'라고 말씀하십니다. 과거의 역사에 십자가와 부활을 먼저 세워 놓으셨습니다. 과거에 일어난 일을 오늘 바꿀 수 없습니다. 이렇게 '분명한 결과가 예정되어 있으니 믿음을 가지고 네 인생을 멋지게 살아 봐라'라고 말씀하시는 것이 '동정녀 탄생'이 의미하는 내용입니다.

이제 우리는 결론을 알게 되었습니다. 믿음도 있습니다. 그렇다고 현실의 도전이 만만해지는 것은 아닙니다. 그런

정황 속에서 하나님의 자녀답게 우리 인생을 만들어 가야 합니다. 이것이 우리의 신앙 인생입니다. 이 위대한 기회를 누리기 바랍니다.

3차 세계관에 관한 대담

박영선 목사, 윤철규 목사

🅨 3차 세계관에 관한 발상을 폴 D. 핸슨의《이사야 주석》에서 얻었다고 앞서 말씀하셨습니다. 그런데 지금은 목사님께서 그 개념을 상당 부분 독자적으로 발전시켜 나가고 계신 것 같습니다. 당시에 목사님이 좀 더 뚫고 나가야 하는데 쉽지 않다고 생각하셨던 지점이 있었거나, 이런 개념이 아니면 설명할 수 없는 어떤 난관을 겪으셨기 때문에 그 개념을 처음 접할 때 와닿으셨던 것이 아닌가 싶습니다. 왜 이런 개념에 공명하셨는지, 왜 이 개념을 이토록 심화하시는지 말씀해 주세요.

🅑 저도 대부분의 신자들처럼 처음에는 당연히 도덕적이고 윤리적인 데에 가치를 둔 사람이었습니다. 어려서부터 교회에서 성장해 오면서 오랜 시간을 명분과 구호로 훈련을 받았습니다. 그런데 명분과 구호로 안 되는 것이 많았습니다. 명분이나 도덕이나 윤리를 강조하는 분위기 속에서 자기 자신을 평가하면 늘 제대로 한 것보다 못한 게 더

많다는 지적에서 벗어날 수 없습니다.

제게는 '이것이 도대체 무엇이냐' 하는 질문이 크게 와 닿았습니다. '왜 하나님은 나 스스로 윤리와 도덕을 잘 지킬 수 있게 안 해 주시는가?', '나는 신앙생활을 잘하고 싶은데 왜 잘 안되는가?', '어떻게 해야 잘할 수 있는가?' 이런 질문을 던져 오면서 남들과는 다른 생각을 하게 되었던 것 같습니다.

어떤 사람들은 열심히 노력하면 된다고 했고, 어떤 사람들은 특별한 은사를 힘입으면 가능하다고 했는데, 제가 보니까 저뿐만 아니라 그렇게 말씀하시는 분들도 다 안되고 있더라고요. 말을 안 하고 있을 뿐이었습니다.

그런데 이사야서를 읽으면서 눈이 뜨이게 되었습니다. 일단 이사야는 제1 이사야라고 불리는 1장부터 39장까지의 내용에서 도덕적 세계를 제시함으로써 잘잘못의 차원에서 우리가 그걸 다 지킬 수 없다는 걸 확인하게 해 줍니다. 그것이 1차 세계관입니다. 맞고 틀리고를 가르는 기준이 있고 그 기준은 정당하지만 우리는 언제나 틀리더라는 것입니다.

🔵 우리가 늘 틀린다는 사실을 확인하는 일이 1차 세계관

의 중요한 목표라고 할 수 있겠군요.

🅱 그렇지요. 사실 세상에는 1차 세계관이 전부인 사람이 많습니다. 많은 사람이 기준은 알아도 답은 찾지 못하고 있습니다. 사실 답을 못 찾는 정도가 아니라 이런 상황이 무엇인지에 대해 아무런 이해도 하지 못하는 경우가 허다합니다.

2차 세계관에서는 은혜가 작동합니다. 하나님께서 주권적으로 일으키시는 회복이 있습니다. 그런데 이 지점에 오면 '1차 세계관은 이제 필요 없는가?', '율법은 이제 폐기되어야 하는가?' 하는 문제가 남습니다.

3차 세계관에서는 하나님께서 우리에게 다시 책임을 묻는다고 말씀드렸습니다. 그런데 이 말을 들으면 좀 혼란스러울 수 있습니다. 1차 세계관에서 우리가 완벽한 선택을 하고 그에 대해 책임을 질 수 없어서 하나님께서 은혜를 주시는데, 만일 은혜가 끝이 아니고 다시 책임을 묻는다면 도대체 어떻게 되는 것일까요?

3차 세계관에서 잘잘못을 따지는 것은 우리를 심판하기 위해서가 아닙니다. 우리를 성숙한 신자로 자라나게 하기 위해서입니다. 이런 3차 세계관이라는 틀 안에서 우리는 은혜와 책임에 대해 균형 있게 이해할 수 있게 됩니다.

은혜만 강조하면 은혜가 우리의 책임을 면제해 준다며 무책임한 사람이 되어 버리기 일쑤입니다. 책임만 지나치게 강조하면 1차 세계관, 즉 율법이 지배하는 혹독한 세계에서 벗어날 수 없습니다. 그런데 3차 세계관에서는 이런 책임을 지라는 요구가 우리를 키우는 것이라고 이야기합니다. 때로는 실패할 수 있습니다. 그러나 실패했다고 끝이 아닙니다. 실패할 때마다 반성하고 한 걸음씩 더 나가라고 우리에게 요구하는 것입니다.

🇾 목사님이 말씀하시는 3차 세계관에 관한 이야기는 율법이 성화의 길잡이가 된다고 했던 칼빈의 이해나 그동안 목사님께서 제시하셨던 구원 이후의 성화에 대한 강조와 굉장히 맞닿아 있다는 생각이 듭니다.

🇧 말하자면 3차 세계관에서는 계기마다 자신의 위치를 알 수 있는 것입니다. 책임에 대한 요구를 잘 지키면 지켜서 알게 되고, 못 지키면 못 지켜서 알게 됩니다. 자기가 자신에게 일종의 점수를 매길 수 있지요. 하지만 특정한 율법의 요구를 지키지 못한다고 해서 그것 때문에 멸망하

지는 않습니다. '나는 아직 이 지점을 넘어가지 못하고 있
구나. 하지만 포기하지 않겠다. 그래, 여기서 더 나아가자'
이런 마음을 먹을 수 있게 되지요. 그래서 결국 더 나아가
게 됩니다. 물론 시간은 좀 걸리겠지요. 하지만 어떤 감독
자가 나타나 우리에게 '그래, 세 번은 봐주겠어. 그 이상은
아웃이야' 이렇게 말할 수는 없는 것입니다. 이런 과정을
통해 우리가 무엇을 해 왔고, 무엇을 하고 있으며, 무엇을
해야 할지 알게 됩니다. 결국 우리 힘만으로 가능한 것이
아니라, 왜 여전히 은혜가 필요한지도 알게 됩니다.

　다시 한번 정리하면 이제는 우리의 잘잘못으로 운명이
결정되지 않습니다. 그렇다고 은혜를 오용하여 아무래도
좋다는 무책임한 태도에 머물러서는 안 됩니다. '우리가
성숙해지라고 주님이 우리에게 율법을 주셔서 우리를 인
도하시는구나'라고 이해해야 합니다. 이것이 3차 세계관
이고 이 지점에서 율법과 은혜가 통합됩니다.

😊 구원받은 이후에도 여전히 1차 세계관에 머물러 있을
때 느끼게 될 한계에 대해 앞 장에서 다루었습니다. 그런
데 2차 세계관의 강조, 즉 하나님의 전적인 은혜로 우리에
게 회복이 일어났다는 이해에 머무는 것으로도 한계가 있

다는 생각이 목사님으로 하여금 3차 세계관의 필요성을 고민하게 만든 것 같습니다. 특별히 한국 교회의 현실 속에서 어떤 모습들이 목사님을 그런 개념으로 나아가게 만들었을까요?

박 신자들 대부분이 율법과 도덕으로 상대방을 비난했습니다. 은혜는 자신한테 적용했고요. 그렇게 이중 잣대로 살았습니다. 이중 잣대를 적용할 때 생기는 문제는 자라나지 못한다는 것입니다. 자기를 변명하는 일에만 급급합니다.

사람들은 종종 율법으로 상대방을 비난하면서 자신이 율법을 모르고 있지 않다는 것을 확인합니다. 그런데 그 기준을 계속 자신에게 적용하기는 어렵습니다. 그렇게 해서 끝까지 견딜 수 있는 사람이 누가 있겠습니까. 그래서 자신에게는 은혜를 적용해서 살아남습니다. 이런 상황에서는 신앙이 체념에 도달할 수밖에 없습니다. 건강한 신앙생활을 포기하게 되죠. 아닌 건 아는데 그 아닌 걸 안 할 실력은 없으니 자라나지 않는 것입니다. 신앙생활이 다람쥐 쳇바퀴 돌 듯 늘 제자리걸음만 하는 것입니다. 그러지 말자고 3차 세계관을 말하는 것입니다.

좀 벗어난 이야기지만 이런 일은 교회사에서 반복되어

온 일을 통해 확인할 수 있습니다. 교회사를 보면 특별한 부흥의 역사가 일어났던 적이 있었습니다. 그런데 그런 부흥이 늘 있지는 않았습니다. 예외적 부흥이 일어나면 침체되어 있던 교회가 다시 동력을 얻어 분발하는 계기가 됩니다. 어느 특정한 시기와 지역에서 일어난 부흥을 통해 우리는 하나님께서 어떤 조건에서도 얼마든지 은혜를 담으실 수 있다는 것을 확인하게 됩니다. 그러나 부흥 운동은 절대 그 자체로 결말이 되지 않습니다. 거칠게 비유하자면 부흥은 2차 세계관을 풍성하게 경험하는 계기입니다. 그러나 그것으로 끝일 수 없습니다. 그런 하나님의 일하심을 경험한 이후에도 우리가 감당해야 하는 책임이 여전히 있습니다. 교회는 이전보다 더 성숙해져야 합니다.

이런 일들은 우리 각각의 인생에 대해서도 마찬가지입니다. 아무리 열악한 상황이든, 모든 일이 끝난 것 같은 상황이든, 우리가 한계를 절감하는 상황에서 하나님께서 얼마든지 더 일하실 수 있다는 사실을 종종 경험합니다. 그런데 그런 은혜를 경험했다면 그것으로 끝이 아닙니다. 그 은혜를 경험한 자로서 한 걸음 더 나아가야 합니다.

윤 그러면 1차 세계관과 2차 세계관과 3차 세계관이 각각

신앙의 여정

따로 있다기보다 2차 세계관은 1차 세계관을 포괄하고, 3차 세계관은 2차 세계관을 포괄한다고 보아야 할까요?

🔵 셋이 다 묶여 있습니다. 저는 1차 세계관이 은혜를 담는 그릇이라고 생각합니다. 율법이 없으면 은혜가 담길 수 없습니다. 또한 은혜는 우리를 책임의 자리로 밀니다. 이 셋이 함께 일합니다. 인간의 지성과 감성과 의지가 함께 일하는 것처럼 율법과 은혜와 책임이 함께 갑니다. 이 셋이 얼마나 조화를 이루느냐가 그 사람이 가진 실력을 판가름할 수 있는 중요한 기준이 됩니다.

🔵 왜 '법칙'이나 '틀'이나 '구조'라는 말 대신 특별히 '세계관'이라는 말을 쓰셨습니까?

🔵 세계관이라는 것은 '내가 사는, 내가 속한 세상이 어떤 질서를 가지는지'를 드러내는 개념입니다. 인간에게는 원래 자연주의적 세계관이 가장 자연스럽습니다. 기독교가 없으면 인생은 덧없는 순환이고 허무한 반복에 불과합니다. 그런데 그게 전부라면 한 생애를 어떻게 살아 내겠습니까. 한바탕 자기 멋대로 방탕하게 살거나 자폭하고 말

것입니다. 그래서 실존주의가 나오지요. '내가 살아 있는 동안만큼은 나는 내 것이다. 그것만은 내가 결정한다'라고 주장합니다. 그런데 이런 주장은 자폭을 전제하고 있습니다. 허무주의에 반발한 주장이지 제대로 된 답안을 낸 것이 아닙니다.

기독교는 다릅니다. 기독교만이 참 신이신 하나님에 관한 이야기가 있다는 점은 차치하고라도, 인간에 대한 관점도 여타의 종교나 사상과 매우 다릅니다. '우리는 성숙함으로 나아가는 존재다. 우리는 정체성과 운명에서 세상이 제시하는 바와는 다른 길을 걷는다'를 기독교만이 선명하게 주장합니다. 저는 기독교가 가지는 이 독특한 세계관이 구체적으로 우리에게 어떻게 작동하느냐를 1, 2, 3차 세계관을 통해 설명해 보려고 한 것입니다.

우리는 세계관이라는 개념을 오해할 때가 많습니다. 예수를 믿는 자와 안 믿는 자를 나누는 기준으로 사용할 때도 있습니다. 초월과 자연으로 나누는 오류를 범하기도 합니다. 그렇게 가는 건 곤란합니다. 이 모두가 다 하나님의 통치 안에 있습니다. 우리에게 다 필요한 것들입니다. 하나님께서 그 속에서 우리를 만들어 가십니다.

ⓨ 그럼 목사님이 말씀하시는 세계관이라는 개념은 신자로 살아가는 한 실존이 이 세계를 어떻게 바라보는지에 관한 관점이라기보다, 말 그대로 한 사람이 숨 쉬고 살아가는 세계의 기본이 되는 배경 같은 것이라고 이해하면 될까요?

ⓟ 그렇습니다. 문제는 본인이 그것을 어디까지 이해하고 있는가 하는 것입니다. 그런 이해 없이 사는 이들은 불쌍합니다. 그들은 허무하게 살고 난폭하게 살 수밖에 없습니다. 그 사람들의 형편을 충분히 이해합니다. 세계의 근거가 공포나 허무에 불과하기 때문입니다. 그래서 우리는 못난 짓을 하는 이들을 보면서 '저 인간은 적그리스도다! 악마이고 사탄이다' 이렇게 정죄하지 않습니다. 성경에서는 그렇게 하지 말고 그들을 불쌍히 여기라고 합니다. '너희는 세상의 실상을 알고 있지 않느냐? 그렇다면 그들과 다른 주장을 하는 정도로 만족할 것이 아니라 다른 존재로 살아야 할 것 아니냐?' 이렇게 도전하는 것입니다.

《톰 소여의 모험》에 나오는 톰의 친구 헉(허클베리 핀)은 밤낮 거지같이 살지요. 돌봐 주는 부모가 없으니 꾀죄죄하게 살 수밖에요. 톰과 헉은 다릅니다. 도덕적 면에서 다른 것이 아니라 기반이 다릅니다. 톰은 그의 인생을 보호해 주는 가족이 있습니다. 반면, 헉은 자기 인생을 자기 힘으로 헤쳐 나가야 합니다. 한국 교회가 그걸 놓쳤습니다. 하나님을 아는 자로서의 넉넉함이 없이 정죄와 구별만 일삼은 것입니다. 하나님께서 부흥을 주셔서 열심히 모였습니다. 그리고는 헌금하고 구제하고 봉사하는 일로 우리 자신을 세상과 구별했는데, 이제 그런 것으로는 답이 안 되는 현실을 우리 모두 겪고 있습니다. 시간이 지나면서 우리를 향한 세상과 하나님의 도전이 좀 더 강화되었다는 사실을 기억해야 합니다.

🔵 목사님께서 은혜의 세계관 이후에 3차 세계관으로 나아가야 한다고 하시니 이렇게 질문해 오는 이들도 있었습니다. "아니, 은혜면 충분하지, 왜 자꾸 책임을 이야기하시는가. 율법주의로 돌아가자는 것인가?"

🔴 은혜만 강조하는 것은 마치 학생이 시험을 보지 않겠다고 말하는 것과 같습니다. 시험 보는 일을 누가 좋아하겠습니까. 그런데 시험은 학생의 현재 실력을 가늠하는 변별력을 제공하는 일 이상의 가치가 있습니다. 사람은 도전

이 없으면 더 성장하지 않습니다. 축구 선수가 경기하러 나오면서 수비수나 골키퍼가 없는 축구를 하겠다고 할 수는 없는 법입니다.

제가 어느 교회나 모임에 초청을 받아 설교할 때면 당황스러운 경우가 종종 있습니다. 대개 본인들이 알고 있는 이야기를 유명한 목사님이나 신령한 사람이 와서 확인해 주기를 원하죠. 우리가 익숙하게 알고 있는 내용을 저명인사의 입을 통해 들으면서 자신이 틀리지 않았다는 것을 확인받고 싶어 합니다. 그렇게 율법도 확인하고 은혜도 확인하면서 '나는 잘하고 있어'라는 위안을 얻는 정도에 만족하고 돌아갑니다.

거기에서 더 나아가야 합니다. 역사 속에서 신앙의 선조들이 살아 냈던 내용이 신앙의 유산이 되고 오늘의 근거가 되어 우리에게 주어졌습니다. 후대로 가면 갈수록 하나님께서 무언가를 더하실 것입니다. 물론 과거에 행하신 일에도 많은 의미가 이미 들어 있지만, 어느 부분을 어떻게 더 구체적으로 누리느냐 하는 문제는 후대로 갈수록 더 풍성해지고 발전된다고 생각합니다. 저는 그런 의미에서 오고 오는 세대가 후배로서 얻는 유익을 마음껏 누리기를 바라고 있습니다.

3

자유와 순종

율법에서 은혜로 나아가는 것은 서로 모순되거나 충돌되지 않는다고 했습니다. 율법이 그릇이 되어 은혜를 담습니다. 은혜는 은혜 자체로 목적과 내용이 되는 것이 아닙니다. 은혜를 통해 자유와 책임을 지는 성숙의 자리로 나아가는 것이 은혜의 목적입니다. 이번 강의에서는 자유와 순종, 권리와 포기가 어떻게 조화되는가를 살펴보려고 합니다.

우상 숭배

—

자유와 순종의 문제를 다루기 위해서는 먼저 성경에서 끊임없이 지적하는 우상 숭배에 대해 살펴볼 필요가 있습니다. 열왕기상 12장에는 북 왕국 이스라엘을 세운 여로보암의 행적에 관한 이야기가 나옵니다. 당시 여로보암 왕은 자기 백성들이 예루살렘에 올라가 제사를 지내면 마음이 자신에게서 떠나게 될까 봐 두려워했습니다. 그래서 벧엘과 단에 금송아지 우상을 만들었습니다.

여로보암이 에브라임 산지에 세겜을 건축하고 거기서 살며 또 거기서 나가서 부느엘을 건축하고 그의 마음에 스스로 이르기를 나라가 이제 다윗의 집으로 돌아가리로다 만일 이 백성이 예루살렘에 있는 여호와의 성전에 제사를 드리고자 하여 올라가면 이 백성의 마음이 유다 왕 된 그들의 주 르호보암에게로 돌아가서 나를 죽이고 유다의 왕 르호보암에게로 돌아가리로다 하고 이에 계획하고 두 금송아지를 만들고 무리에게 말하기를 너희가 다시는 예루살렘에 올라갈 것이 없도다 이스라엘아 이는 너희를 애굽 땅에서 인도하여 올린 너희의 신들이라 하고 하나는 벧엘에 두고 하나는 단에 둔지라 이 일이 죄가 되었으니 이는 백성들이 단까지 가서 그 하나에게 경배함이더라 그가 또 산당들을 짓고 레위 자손 아닌 보통 백성으로 제사장을 삼고 여덟째 달 곧 그 달 열다섯째 날로 절기를 정하여 유다의 절기와 비슷하게 하고 제단에 올라가되 벧엘에서 그와 같이 행하여 그가 만든 송아지에게 제사를 드렸으며 그가 지은 산당의 제사장을 벧엘에서 세웠더라 그가 자기 마음대로 정한 달 곧 여덟째 달 열다섯째 날로 이스라엘 자손을 위하여 절기로 정하고 벧엘에 쌓은 제단에 올라가서 분향하였더라 **왕상 12:25-33**

여로보암은 왜 이런 일을 벌인 것일까요? 여로보암이 만든 금송아지는 우리에게 익숙한 어떤 사건을 떠올리게 합니다. 바로 출애굽기에 나온 금송아지 사건입니다. 애굽에서 나온 이스라엘 백성은 시내 산에 올라간 모세가 늦게 내려오자 아우성을 쳐서 아론에게 금송아지를 만들게 합니다.

> 백성이 모세가 산에서 내려옴이 더딤을 보고 모여 백성이 아론에게 이르러 말하되 일어나라 우리를 위하여 우리를 인도할 신을 만들라 이 모세 곧 우리를 애굽 땅에서 인도하여 낸 사람은 어찌 되었는지 알지 못함이니라 아론이 그들에게 이르되 너희의 아내와 자녀의 귀에서 금 고리를 빼어 내게로 가져오라 모든 백성이 그 귀에서 금 고리를 빼어 아론에게로 가져가매 아론이 그들의 손에서 금 고리를 받아 부어서 조각칼로 새겨 송아지 형상을 만드니 그들이 말하되 이스라엘아 이는 너희를 애굽 땅에서 인도하여 낸 너희의 신이로다 하는지라 아론이 보고 그 앞에 제단을 쌓고 이에 아론이 공포하여 이르되 내일은 여호와의 절일이니라 하니 이튿날에 그들이 일찍이 일어나 번제를 드리며 화목제를 드리고 백성이 앉아서 먹고 마시며 일어나서 뛰놀더라 출 32:1-6

아론이 명명한 금송아지에 대한 설명이 신기합니다. 이는 '너희를 애굽 땅에서 인도하여 낸 너희의 신'(출 32:4)이라고 하였습니다. 이들은 하나님을 거부한 것이 아니라 하나님을 금송아지로 만들어 버린 것입니다. 그들은 그 금송아지 앞에서 먹고 마시며 기뻐 뛰놀았습니다. 아론이 그 앞에 제단을 쌓고 이렇게 공포합니다. '내일은 여호와의 절일이니라'(출 32:5). 원래 하나님을 섬기던 종교적 제의를 금송아지 앞에서 하게 된 것입니다. 모세가 산에서 내려오다 그 꼴을 보고 백성이 방자해졌다고 분개합니다. 방자해졌다는 것은 자신만만해졌다는 뜻입니다. 무엇이 그들에게 자신감을 불어넣었을까요?

하나님께서 시내 산에 강림하여 모세를 부르셨을 때 백성들은 다 두려워 떨었습니다. 하나님께서 직접 말씀하시는 것을 두려워한 것입니다. 그런데 중재자인 모세가 시내 산에서 내려오지 않자 불안했던 그들은 자기네들을 위한 신을 만들어 달라고 요구했습니다. 하나님이라는 명칭은 계속 사용하는데, 대상이 우상으로 바뀌어 버린 것입니다. 그제야 백성들은 안심에 겨워 기뻐 뛰놀게 되었고, 모세는 저들이 방자해졌다고 말합니다.

북 왕국을 세운 여로보암이 지금 그런 행동을 똑같이 반복하고 있습니다. 여로보암은 북 왕국 열 지파의 백성들에게 자신감의 근거를 주고 싶었던 것입니다. 그들도 언약 백성이고 예법을 다 알고 있는데, 여로보암은 보이지 않는 하나님을 보이는 하나님으로 바꿔 그들을 장악하고 제압하여 자신의 권력을 공고히 하고자 했던 것입니다. 이와 비슷한 일이 이스라엘의 초대 왕이었던 사울에게도 있었습니다.

사울이 사무엘에게 이르되 나는 실로 여호와의 목소리를 청종하여 여호와께서 보내신 길로 가서 아말렉 왕 아각을 끌어 왔고 아말렉 사람들을 진멸하였으나 다만 백성이 그 마땅히 멸할 것 중에서 가장 좋은 것으로 길갈에서 당신의 하나님 여호와께 제사하려고 양과 소를 끌어 왔나이다 하는지라 사무엘이 이르되 여호와께서 번제와 다른 제사를 그의 목소리를 청종하는 것을 좋아하심 같이 좋아하시겠나이까 순종이 제사보다 낫고 듣는 것이 숫양의 기름보다 나으니 이는 거역하는 것은 점치는 죄와 같고 완고한 것은 사신 우상에게 절하는 죄와 같음이라 왕이 여호와의 말씀을 버렸으므로 여호와께서도 왕을 버려 왕이 되지 못하게 하셨나이다 하니 **삼상 15:20-23**

사울의 몰락에 관한 기사입니다. 사울은 하나님의 명령을 따라 아말렉을 진멸하였습니다. 그러나 사울은 그들의 어떤 재산도 남기지 말라는 명령을 어기고 이런저런 핑계를 대어 가축들을 취합니다. 하나님께 제사하기 위해 그렇게 했다는 사울을 사무엘이 저주합니다. 거역하는 것은 점치는 죄와 같고 완고한 것은 우상에게 절하는 죄와 같다고 이야기합니다.

이 말씀을 보면 우상 숭배는 단지 하나님 외에 다른 신을 섬기는 문제가 아님을 알 수 있습니다. 하나님께 등을 돌리는 행위입니다. 우상은 없는 것이나 마찬가지입니다. 하나님 외에 다른 신은 없기 때문입니다. 그래서 우상 숭배는 다른 신을 믿는 일을 말하는 것이 아니라 하나님 앞에서 마땅히 져야 하는 책임에서 돌아서는 것을 말합니다.

사랑과 복종

—

흔히 사람들은 자유에 대해 무엇을 하지 않을 자유, 즉 억압받지 않을 자유나 굴복하지 않을 자유처럼 '무엇으로

부터의 자유'라는 관점에서 이해합니다. 하지만 자유에는 '무엇을 위한 자유'도 있습니다. 보다 적극적이고 긍정적인 의미의 자유입니다. 성경은 하나님께서 우리에게 자유를 주셔서 무엇을 만들고자 하시는가를 생각해 보라고 요구합니다.

하나님은 우리가 사랑과 복종으로 하나님과 연합하기를 요구하십니다. 이 요구를 가장 잘 설명해 주는 것이 바로 부부 관계입니다. 에베소서 5장은 사랑과 복종을 이해하는 데 있어서 아주 중요한 본문입니다.

아내들이여 자기 남편에게 복종하기를 주께 하듯 하라 이는 남편이 아내의 머리 됨이 그리스도께서 교회의 머리 됨과 같음이니 그가 바로 몸의 구주시니라 그러므로 교회가 그리스도에게 하듯 아내들도 범사에 자기 남편에게 복종할지니라 남편들아 아내 사랑하기를 그리스도께서 교회를 사랑하시고 그 교회를 위하여 자신을 주심 같이 하라 이는 곧 물로 씻어 말씀으로 깨끗하게 하사 거룩하게 하시고 자기 앞에 영광스러운 교회로 세우사 티나 주름 잡힌 것이나 이런 것들이 없이 거룩하고 흠이 없게 하려 하심이라 이와 같이 남편들도 자기 아내 사랑하기를 자기 자신과 같이 할

지니 자기 아내를 사랑하는 자는 자기를 사랑하는 것이라 누구든지 언제나 자기 육체를 미워하지 않고 오직 양육하여 보호하기를 그리스도께서 교회에게 함과 같이 하나니 우리는 그 몸의 지체임이라 그러므로 사람이 부모를 떠나 그의 아내와 합하여 그 둘이 한 육체가 될지니 이 비밀이 크도다 나는 그리스도와 교회에 대하여 말하노라 그러나 너희도 각각 자기의 아내 사랑하기를 자신 같이 하고 아내도 자기 남편을 존경하라 **엡 5:22-33**

남녀가 서로 사랑하면 결혼을 결심하게 됩니다. 그렇게 사랑해서 결혼하지만 사랑한다고 해서 행복이 완성되지는 않습니다. 모든 결혼은 마음에 이런 의문을 남깁니다. '나는 왜 하필 이 사람과 결혼했을까?' 대부분 한 번쯤은 이런 생각을 하기 마련입니다. 결혼 생활은 다른 어떤 일보다 더 힘듭니다. 사사건건 견해 차이가 나는데도 늘 함께 해야 하기 때문입니다. 취향과 성격 등 모든 면에서 차이가 나는 두 사람이 함께 사는 것입니다. 사랑해서 결혼하면 그것으로 사랑이 완성되는 것이 아니라 이제 시작일 뿐입니다. 결혼은 시작입니다. 그 이후를 살아 내야 합니다. 성경의 요구는 이렇습니다. '아내들이여 남편에게 복종하라.' '남편들아 그리스도께서 교회를 사랑하듯 아내를 사랑하라.' 부부는 서로가 서로에게 팔려 간 것이 아닙니다. 상대방에게 굴종하는 관계가 아닙니다. 사랑이란 상대방을 자유롭게 하는 것입니다. 사랑은 자신의 권리입니다.

그런데 자유와 권리로 선택한 결혼 생활이 왜 이렇게 힘든 것일까요? 서로 너무나 다른 두 사람이 만나 가정을 이루는 것이 하나님의 뜻이기 때문입니다. 그 다름이 두 사람을 단련하고 다듬어 놀라운 존재로 만들어 가기 때문입니다. 저는 결혼 생활을 통해 성질을 참는 법을 배웠습니다. 꼭 해야 하는 말이라는 것은 없으며, 옳은 말이라고 해서 모두 덕을 세우지는 않는다는 것을 알게 되었습니다. 사람이 자신의 성질을 죽이고 자신의 권리를 유보한다는 것은 위대한 일입니다. 하나님께서 결혼을 통해 우리 인생에 이 일을 하십니다.

요한계시록에 보면 하나님은 우리에게 어린양의 혼인 잔치에 참여하자고 하십니다. 예수님께서 신랑이고 교회가 신부입니다. 교회는 모든 성도를 지칭합니다. 신자가 되면 부부가 하는 사랑싸움을 평생 하는 것이라고 성경은 이야기하는 셈입니다. 구약 내내 하나님께서 이스라엘 백성과 이 일을 하십니다. 너희는 나와 사랑하고 존중하는 관계를 맺고, 거기에 기쁨과 행복을 담아내자고 하십니다.

다른 음으로 부르는 한 노래

—

우리는 서로 다르다는 점을 갈등의 요소라고 생각하지만 성경은 보다 창조적인 관점에서 이야기합니다. 노래를 혼자 부르는 것을 독창이라고 하고 두 사람 이상이 부르는 것을 중창이라고 합니다. 독창과 중창의 가장 큰 차이는 중창에는 화음이 있지만 독창에는 화음을 넣을 수 없다는 것입니다. 둘 이상이 있어야 화음이 생깁니다. 화음은 기이하게도 같은 노래를 부르면서 다른 음을 내는 것입니다. 자신과 달라 갈등을 일으키는 요인이 지금 우리에게는 충돌과 모순과 거친 반발처럼 느껴지지만, 성경은 이것이 살아가면서 예술을 만들어 낸다고 이야기합니다.

영국에서는 셰익스피어 연극에서 연기를 가장 잘한 배우에게 '경(卿, Sir)'이라는 호칭을 붙여 준다고 합니다. 모두가 이미 알고 있는 줄거리와 결말이지만 배우마다 그 역할을 어떻게 소화하고 연기하느냐를 평가하여 자신만의 성취를 이뤄 낸 배우의 노고를 귀하게 여기는 것입니다. 결말은 이미 정해져 있지만, 배우가 실제로 무대에 올라 각자의 연기를 통해 이야기를 더 풍성하게 하듯이 하나님도 우리에게 확정된 승리의 결말 안에서 각자 멋진 연기를 펼쳐 보라고 기회를 주십니다. 우리의 배역은 한 인간이 자기 역할을 어떻게 풍성하고 위대하게 담아내는가 하는 싸움입니다.

조건을 개선해서 안심을 누리려고 하는 일은 모두 우상 숭배로 넘어가는 것입니다. 하나님께서 우상 숭배를 반대하시는 이유는 하나님께서 요구하시는 수준까지 우리를 자라 가게 하겠다는 강한 의지가 있기 때문입니다. '나는 너를 중퇴시키지 않겠다. 반드시 너를 졸업시키겠다'라는 하나님의 의지가 표현된 것이 바로 이스라엘 역사이고 예수의 성육신과 십자가와 부활입니다.

우리는 늘 각자가 처한 상황과 조건에서 한계나 무력함 같은 것들에 묶여 있습니다. 그러나 그런 것들은 하나님께서 나를 만들기 위해 마련하신 무대라는 사실을 기억해야 합니다. 그 무대 위에서 우리 모두에게 주어진 각자의 인생이 다 위대한 기회를 누릴 수 있어야 합니다.

함께하자

一

레슬리 뉴비긴이라는 선교사가 있습니다. 그는 주로 인도에서 사역을 했는데, 그곳 힌두교 지도자들과 함께 그들의 경전과 성경을 놓고 공부한 적이 있었습니다. 당시 그 힌두교 지도자들이 이런 이야기를 했다고 합니다. "너희들의 신은 특별하구나. 너희들의 신은 인간에게 세상을 함께 다스리자고 하시는구나." 우리는 구원이라는 문제에만 너무 몰입하는 바람에 하나님께서 정작 우리를 구원하신 목적, 즉 자유와 책임을 가지고 세상을 다스리는 일에 함께하자는 하나님의 부르심을 그만 놓쳐 버리고 사는 것인지 모릅니다.

욥은 이유 없는 고난을 겪게 되자 너무 속이 상해서 불평합니다. 아무리 생각해도 자신이 받는 고난의 이유를 모르겠으니 자기를 만나달라고, 그래서 고난의 이유를 알려 달라고 하나님께 간청합니다. 나중에 하나님께서 욥을 만나 주시는 장면을 보면 하나님은 뜻밖의 답을 하십니다. 하나님은 욥에게 계속 창조 세계를 보여 주십니다. 이는 하나님이 당신의 능력을 과시하는 것이 아닙니다. 자식을 대하듯이 욥을 대접해 주시는 것입니다. 부모가 자식에게 자신의 모든 소유를 보여 주며 '이 모든 것이 다 네 것이다'라고 말하는 것과 같습니다. 하나님은 '이것은 다 네 소유이며 이제는 네가 다스려야 한다'라고 말씀하시며 욥을 세우십니다.

창조 세계라는 말이 우리에게는 정지된 개념으로 있습니다. 그러나 로완 윌리엄스는 "하나님은 언제라도 새로운 창조로 역사와 인생에 개입하실 수 있다"라고 말했습니다. 창조는 지금도 계속되고 있습니다. 우리가 태어난 것이 창조이고 우리가 예수를 믿게 된 것이 부활입니다. 우리가 그 안에서 커 가는 일을 위해 하나님께서 우리와 씨름하십니다. 우리에게 함께하자고 하십니다.

이렇게 하나님은 우리에게 사랑의 대상이 되어 줄 것을 요구하십니다. 하나님께서 가정을 통해 부부가 사랑으로 서로 복종하는 자리까지 자라게 하시듯이 우리가 하나님을 존중하고 사랑하여 그분의 뜻에 기꺼이 화합하는 자리로 나아가도록 하십니다.

우리는 인생을 살면서 수많은 선택의 기회를 만나게 됩니다. 그때 하나님께서 우리를 동반자로 부르시는 창조의 역사에 기꺼이 참여하는 마음으로 결정해야 합니다. 이것이 성경이 이야기하는 순종입니다. 이는 우리의 명예이자

기쁨입니다. 이 기쁨이 우리 모두에게 분명한 항복과 만족을 가져다주기를 바랍니다.

자유와 순종에 관한 대담

박영선 목사, 윤철규 목사

🙋 자유와 순종에 대해 이야기하면서 뜻밖에도 금송아지 우상 이야기로 시작하신 것이 인상 깊었습니다. 우상이란 원래 없는 것이기에 우상 숭배는 다른 신을 섬기는 문제가 아니라 하나님께 등을 돌리는 문제라고 정리해 주셨습니다. 그리고 자유의 문제로 넘어가셨는데, 그 둘의 관계가 선뜻 이해되지 않습니다. 자유와 순종이 우상 숭배의 문제와 어떻게 연결되는지 조금 더 상세하게 설명해 주시면 좋겠습니다.

🙋 성경에 나오는 우상 숭배에 대한 비난은, 이스라엘이 하나님 아닌 다른 신이나 우상을 선택하는 잘못을 저질렀다는 단순한 지적보다 훨씬 큰 의미를 담고 있습니다. 우상 숭배를 하며 하나님께 등을 돌렸다는 말은 하나님께서 우리에게 해 보자고 말씀하신 일을 우리가 거절했다는 뜻입니다. 이렇게 볼 때 우상 숭배란 하나님의 기준에 도달하지 않은 모든 것을 추구하는 일이라고 풀어 볼 수 있습

니다.

우상이란 '내가 하고 싶은 것', '내가 얻고 싶은 것'을 상징합니다. 우리는 하나님을 믿지만, 하나님께서 나에게 무엇을 목적하고 계신지, 그 일을 어떤 식으로 이루실지에 대해서는 관심을 기울이지 않습니다. 그런데 하나님께서 우리를 향해 가지신 기대는 매우 큽니다. 이것이 하나님과 우리 사이에 발생하는 첨예한 갈등의 원인이 됩니다. 이때 '나는 하나님을 믿기는 하지만, 이 정도면 충분합니다'라고 말하는 것이 바로 우상 숭배입니다.

우상은 원래 없는 것입니다. 구약 성경에 나온 이스라엘이 섬겼던 바알이나 아세라 같은 우상은 허상에 불과합니다. 이스라엘이 자신들의 소원을 거기에 투영했을 뿐입니다. 그 소원은 무엇이었을까요? 바로 안심입니다. 그들은 어떤 갈등이나 애씀 없이 안일하게 머무를 수 있는 상태를 원했습니다. 하지만 하나님은 그러한 그들의 요구를 끝끝내 들어주지 않으셨습니다.

그렇다면 이러한 내용이 어떻게 자유와 연결될까요? 자유는 권리이자 책임입니다. 성경이 말하는 책임은, 하나님께서 우리에게 목적하신 바를 우리가 스스로 선택하는 것입니다. '하나님이 원하시는 존재'가 되는 일을 우리가 자원해서 해야 하는 문제인 것입니다. 공부를 예로 들어서 설명해 보겠습니다. 학생이 학업을 위해 학원을 선택하기만 하면, 학생으로서 지는 책임이 끝나는 것이 아닙니다. 오히려 그 책임을 더욱 감당해야 합니다. 학원의 일정을 따라가며 자신이 성장하는 길로 부단히 나아가야 합니다.

하나님께서 우리에게 가르치시는 자유와 순종도 마찬가지입니다. 순종은 순종하는 자가 자유로운 의지를 행사하여 자신의 뜻을 따르지 않고 하나님을 선택하는 행위입니다. 내 의지를 동원하여 하나님께서 하시고자 하는 바를 기꺼이 감당하는 것입니다. 그리고 그 일은, 우리가 책임 있는 결정을 내릴 수 있는 성숙한 존재로 성장하게 만듭니다.

문제는, 하나님의 뜻을 따른다고 하면서 실제로는 자기 삶을 자기가 원하는 것으로 가득 채우는 경우가 허다하다는 사실에 있습니다. 이런 일들이 우리의 성숙을 방해합니다. 예를 들어 우리는 종종 이런 기도를 합니다. "내 뜻대로 마옵시고 아버지의 뜻대로 하옵소서." 얼핏 생각하면, 겟세마네에서 하신 예수님의 기도를 본받은 매우 훌륭한 기도처럼 보입니다. 하지만 '아버지의 뜻대로'라는 말은 '내가 내 입으로 주장하지는 않겠지만, 평안하고 별 탈 없이 행복하게 살도록 하나님께서 알아서 인도해 주십시오'

라는 의미로 사용할 때가 많습니다. 교정되어야 할 부분입니다. 교정되지 않으면 순종의 의미를 제대로 깨달을 수 없습니다. 자유를 제대로 행사하여 온전한 책임을 감당하는 성숙한 자리에 도달할 수 없습니다.

고난과 갈등과 절망은, 성숙한 자리로 가지 못하게 우리를 가로막고 있는 벽을 넘게 해 주는 도구가 됩니다. 우리는 우리의 기도가 응답되지 않는 현실, 여전히 고달픈 인생살이를 겪게 하시는 하나님께 화를 내기도 합니다. 그래서 이런저런 어려움 앞에서 아무것도 안 하고 싶을 때가 많습니다. 이런 태도는 마치 학생이 자신의 가장 큰 소원은 공부를 안 하는 것이라고 말하는 것과 같습니다.

이 지점에서 신자 대부분은 자기가 틀렸다는 사실을 깨닫지 못하고 열심히 하나님을 믿는다고 생각합니다. 열렬히 자기 목적을 채워 달라고 요구합니다. 그런 우리에게 하나님은 계속해서 꾸중과 권유를 번갈아 하시는데 우리는 그것을 못 알아듣습니다.

사실 이런 일은 구약 역사 내내 반복되어 왔습니다. 하나님께서 이스라엘에 끊임없이 선지자들을 보내어 당신의 뜻을 전하셨습니다. 그런데 이스라엘은 계속 무지했습니다. 예수님께서 오신 이후에도 마찬가지였습니다. 스데반은 이스라엘 백성들을 향해 너희가 죽이지 않은 선지자가 없다고 지적합니다. 그의 지적을 들은 이스라엘 군중들은 그렇지 않다고 주장하면서 격분하여 스데반을 죽여 버리고 맙니다.

이런 내용이 어떻게 자유와 연결될까요? 우리는 이런 복잡한 과정 없이, 그냥 하나님께서 뜻을 이루시면 되지 않느냐고 항변하고 싶습니다. 그런데 '그 뜻을 이루시면 되지 않는가'에서 '그 뜻'이 바로 우리의 완성이라고 성경은 이야기합니다.

그렇다면 우리의 완성이란 무엇일까요? 하나님께서 우리에게 목적하시는 바가 우리에게서 이루어지는 것을 말합니다. 원래 하나님께서 우리에게 목적하시는 것과 우리가 바라는 소원은 매우 다릅니다. 그러나 천지를 창조하시고 주 예수를 우리에게 보내신 하나님께서 동원하실 수 있는 모든 과정을 통해 우리를 당신의 자녀로 만들어 가십니다.

우리는 그런 하나님의 의지를 따르고 싶어 하지 않습니다. 진지한 태도로 "하나님의 뜻을 이루어 주옵소서"라고 하나님께 빌지만, 사실은 자신의 뜻을 이루어 달라는 것이지 자신의 뜻을 꺾을 생각은 없습니다. 이 지점을 헤아리기가 참으로 어렵습니다. 이럴 때, '결국 너는 네 뜻을 고집했다'라는 정도의 지적으로는 이 애매하지만 중요한 경계에 대한 분간이 쉽지 않습니다.

🅨 하나님의 뜻을 따르는 것 같지만, 교묘하게 자신의 욕심을 내려놓지 않는 문제를 조금 더 선명하게 파악하기 위하여 지금 우리가 이야기하는 우상 숭배와 자유의 문제라는 틀을 도입하신 것일까요?

🅑 우상을 만들었다는 것은, 자유가 권리로만 사용되었다는 뜻입니다. '제가 하나님을 믿었으니 이 정도는 해 주셔야 합니다. 제 소원을 이루어 주십시오.' 이런 것이 바로 우상입니다. 주도권이 자신에게 있습니다. 이때 하나님은, 나의 소원을 이루기 위해 나에게 없는 능력을 주시는 분에 불과합니다.

그러나 하나님께서 가지고 계신 우리를 향한 목적은 우리가 가진 것과 매우 다릅니다. 그 목적을 이루시기 위해 우리의 우상 숭배적 태도를 계속해서 깨트리십니다. 고난이 오지 않으면, 우리는 우상을 자꾸 하나님으로 착각합니다. 예를 들어 지난날 한국 교회가 종종 그랬듯이 '이렇게 기도했더니 응답되더라'라는 공식이 만연하게 되면 큰일 나는 것 아닙니까? 무조건 기도만 하면 하나님께서 들어주신다는 말처럼 하나님과 신앙에 대한 심각한 오해도 없습니다. 종교성의 기반은 우상 숭배적 경향인데 사실 이런 경향은 무섭습니다. 그러니 거기를 깨야 합니다.

🅨 고난이 오는 이유는, 일차적으로는 우상을 깨기 위한 것이군요.

🅑 그렇습니다.

🅨 조금 더 나아가서는 우리가 자발적 선택으로 하나님의 뜻에 순종하도록 하기 위해서이고요.

🅑 그렇죠.

🅨 목사님께서는 우리가 스스로 선택해야 우리 자신이 된다고 말씀하셨습니다. 그러면 하나님의 궁극적인 뜻은 우리가 하나님께서 원하시는 것을 자발적으로 선택하는 것이군요.

🐥 그것을 공부에 비유해 볼 수 있습니다. 우리가 학교 다닐 때 선생님께 많이 듣던 이야기가 있습니다. "말을 물가에 데려갈 수는 있지만, 물을 먹는 건 말이다." 여기에 지금 우리가 논하고 있는 자유의 개념이 잘 드러납니다. 하나님은 우리에게 강요하지 않으십니다. 어떤 통 속에 물건을 억지로 구겨 넣는 것처럼 강제하지 않으십니다. 우리는 하나님 앞에서 존귀한 대접을 받는 인격적 존재입니다.

🐥 우리가 그러한 하나님의 사랑의 대상이라는 내용을 강조하기 위해 앞서 에베소서 말씀을 인용하신 것일까요?

🐥 그렇습니다. 이 지점에서 죄에 관한 이야기를 좀 더 다루고 싶습니다. 성경에서 말하는 죄는 도덕이나 윤리 차원의 문제가 아닙니다. 죄는 생명과 연관된 문제입니다. 생명에서 끊어진 상태, 하나님과 분리되어 있는 상태가 죄입니다. 생명에서 끊어져 있기에 발생하는 부패가 도덕적 기준에 미치지 못하는 모습으로 표현되는 것일 뿐입니다. 하지만 하나님과 분리되어 있다는 사실이 죄의 가장 중요한 본질입니다.

구원이란 하나님과의 관계가 다시 회복되는 것입니다.

관계가 회복되면 어떤 일이 일어날까요? 요한복음 15장에 나오는 포도나무 비유처럼 가지가 나무에 붙어 있으면 열매가 자연스레 맺히게 됩니다. 우리 자신이 열매로 영글게 됩니다. 이 일은 시간 속에서 겪는 이런저런 수고 없이 하루아침에 이루어지지 않습니다. 고단한 과정을 겪어야 합니다. 순종을 배워야 합니다. 여기서 순종은 단지 죄를 짓지 않는 정도에 만족하는 수동적이고 부정적인 의미가 아닙니다. 하나님의 선하심을 적극적으로 드러내는 긍정적 개념으로서의 순종을 의미합니다. 그렇게 우리라는 열매가 영글어야 합니다.

이 과정은 매우 고통스럽습니다. 매일매일 성품을 고치고, 죄의 습관을 극복하고, 더 나은 데로 한 걸음씩 나아가고자 하는 고군분투가 펼쳐집니다. 신앙의 열매를 단순히 도덕적으로 선한 일을 하는 정도나 거짓말을 하지 않고 더러운 일을 하지 않는 정도로만 이해하면, 신앙의 중요한 부분을 완전히 간과하는 것입니다.

자유란 일차적으로 '무엇으로부터의 자유'를 의미합니다. 그러나 한 걸음 더 나아가 생각해 보면, 자유란 적극적으로 '무엇을 원하는가' 하는 문제입니다. '무엇을 위한 자유'인 것입니다. 이를 책임의 자유라고 부를 수 있습니다.

역설적 표현이지만 우리는 책임을 질 수 있는 자유를 누리게 된 것입니다.

우리는 책임이라는 단어를 들으면 적잖이 부담을 느낍니다. 그런데 여기가 바로, 우리가 권리를 누리는 자리입니다. 책임이 바로 권리입니다. 책임이란 내가 할 수 있는 바가 나에게 주어진 것입니다. 남이 뛰는 운동 경기에는 나에게 주어진 책임이 없습니다. 내가 뛰는 경기에는 나에게 주어진 책임이 있습니다. 거기에는 보람도 있고, 후회도 있습니다. 그 자리에서 멋있어야 합니다. 꾸준히 실력을 쌓고, 그 실력을 드러내야 합니다.

인생을 살다 보면 종종 이런 이야기를 듣곤 합니다. '공부해서 훌륭한 사람이 되어라', '매 경기 최선을 다하는 좋은 선수가 되어라.' 이런 이야기를 들으면, 우리를 향한 모든 요구가 결국 사람이 크는 것을 목적으로 한다는 사실을 알게 됩니다. 인간성이 영글어야 합니다. 그것이 성경이 말하는 열매입니다. 이 부분을 섬세하게 이해해야 합니다.

윤 '가지가 포도나무에 붙어 있으면 자연스럽게 열매가 맺힌다.' 여기서 '자연스럽게'라는 말은 '저절로'라는 말인데, 이 '저절로'는 아무것도 하지 않는 '저절로'가 아니라고 이해해야 한다는 말씀이시죠?

🅑 생명은 생명의 일을 행한다는 뜻입니다. 생명이 일하고 있으니 햇빛이 비치면 햇빛을 받고, 비가 오면 비를 맞고, 바람이 불면 바람을 맞으며 커 가는 것입니다.

🅨 그런 생명 속에서 자라는 우리가 그 자체로 열매라는 사실이, 우리가 아무것도 안 해도 된다는 뜻은 아니라는 말씀인 것 같습니다. 오히려 우리의 갈등, 고민, 좋은 성품을 만들어 내기 위한 처절한 투쟁들이 모두 '저절로'라는 말에 포함된다고 이해해도 좋을까요?

🅑 그렇죠. 그러니 비가 오나 눈이 오나 상관없습니다.

🅨 앞서 하신 강의에서는 이런 말씀에 뒤이어 화음을 만들어 내는 중창 이야기와 함께 영국에서는 윌리엄 셰익스피어의 작품에서 연기를 잘하는 사람에게 '경(Sir)'이라는 명예로운 호칭을 붙여 준다고 하셨습니다. 그러면서 하나님은 우리와 함께하기를 원하신다고 하셨는데요. 그렇다면 앞서 말씀하신 인간성이 영그는 성숙을 위한 분투는

우리가 하나님과 함께하는 영예로운 자리로 나아가기 위한 과정이라는 생각이 듭니다. 우리가 하나님의 대상, 그분의 짝으로 함께한다는 것은 어떤 의미인지 조금 더 구체적으로 설명해 주실 수 있을까요?

🅑 이해를 위해 부부의 경우를 예로 들어 보겠습니다. 신혼 때에는 참으로 황홀하고, 결혼 생활에 대해 많은 기대를 하게 됩니다. 그런데 얼마 안 가서 힘들고, 서로 어긋나고 하는 일들이 끊임없이 반복됩니다. 그런데 그런 일로 부부는 훈련을 받습니다. 그런 갈등과 위기의 순간마다 '나는 어떻게 해야 하는가'라는 질문에 답할 것을 요구받습니다. 이 지점에서 반발하기도 하고, 후회하기도 하고, 체념하기도 하면서 자라게 됩니다. 한쪽만 그런 것이 아니라 상대방에게도 그런 일이 똑같이 일어납니다. 상대도 나 때문에 늘 고민하고 억울한 감정을 가지지만 그 일로 자라게 됩니다.

하나님과 우리의 관계를 보면, 하나님께서 우리를 키우실 뿐만 아니라 그 과정에서 하나님이 누구신가가 점점 더 드러나게 됩니다. 하나님께서 저기 먼 데 계시는 것이 아니라 모두의 일상에 늘 계신다는 사실, 우리가 느끼지 못했더라도 정말 임마누엘 하나님이심을 보이시는 것입니다. 그러니 하나님께서 살아 계시다는 사실에 대한 증거는, 우리가 하나님을 직접 눈으로 보는 사건이나 외적 결과에 있지 않습니다. 하나님께서 함께하시는 우리가 바로 그 증거입니다. 하나님께서 그렇게 당신을 보이십니다.

그런 점에서 우리는 수혜자인 동시에 시혜자라고 할 수 있습니다. 인간은 사회적 동물이기에 모든 인간에게는 부부나 교회, 사회 같은 공동체나 집단이 중요합니다. 그와 같이 하나님은 연합과 관계성에서 최고의 인간성, 최고의 영광을 드러내십니다. 음악에서 최고의 경지인 조화로운 화음을 이루는 것과 같습니다.

인간은 늘 경쟁적인 태도를 지니고 살아갑니다. 가까이 있는 이들이 평생 시기와 질투의 대상이 됩니다. 죄성(罪性)이란 그런 것입니다. 그러나 주님은 그런 점에서 우리와 매우 다른 분입니다. 그분은 우리를 섬기러 오셨습니다. 우리에게 자신을 아낌없이 내어 주셨습니다. 주님이 하시듯 우리도 다른 이에게 자신을 내어 주라고 성경이 요구합니다.

섬김은 강요로 할 수 있는 것이 아닙니다. 저는 손주들이 태어나면서 이 부분에 대한 이해가 깊어졌습니다. 손주들을 위해서라면 모든 것을 다 주어도 아깝지 않습니다. 아이들의 행복과 유익을 위해서라면 내가 얼마든지 썩어도 되고 밑져도 괜찮습니다. 저는 손주들에게 주는 것 자체로 최고의 행복을 누립니다. 그런 자리에 이르게 됩니다. 그렇게 누구를 섬길 수 있고, 그 사람을 위해 기꺼이 낮아지고 조역이 되는 자리, 그러나 결국 최고의 복이 되는 자리로 주님이 우리를 부르십니다.

윤 내어 주고 섬기는 자리, 자기를 비우는 자리를 통해 주님의 영광을 가득 채우게 된다는 말씀이신 거죠? 놀라운 역설입니다. 말씀을 듣다 보니 우리가 가진 신앙의 목표와 방향을 다시 점검해야 할 필요를 느낍니다.

박 예수님께서 우리를 섬기셨다고 성경이 분명히 이야기하는데도, 우리는 자꾸 신앙과 섬기는 일을 분리해서 생각합니다. 1장에서 말씀드린 승리주의라는 몹쓸 것이 우리에게 박혀 있어서 그렇습니다. 승리주의가 그토록 큰 영향을 끼치는 바람에 우리는 자신이 어디서 틀렸는지를 알게 되었습니다. 한국 교회에서 승리주의는 오랫동안 신봉하는 대상 중 하나였습니다. 우리는 예수를 믿기에 모든 영역에서 우월해야 한다는 주장이 일종의 우상이 되었습니다. 그런데 최근에 드러난 교회 현실을 보면서 더는 그런 말을 할 수 없게 되었습니다. 하나님께서 그런 우상을 깨트리시는 시대를 맞고 있습니다. 그 속에서 우리는 아주 중요한 것을 배우게 되었습니다.

🔵 일종의 반면교사(反面教師) 같은 것이네요.

🔴 그렇습니다. 이제야 그동안 우리가 신봉해 왔던 '승리'라고 여기던 가치들의 정반대 편에 있는 가치에 대해 알게 되었습니다. 그동안 가려져 있던 개념들인데, '졌다', '실패했다'와 같은 가치입니다. 이런 말들이 저 반대편에서 강조하는 승리보다 더 가치 있을 수 있다는 것을 깨닫게 되었습니다. 물론 이 자체로 값어치가 있다는 뜻이 아닙니다. 졌어도 그 자리가 가치 있는 자리라는 것입니다. 승리주의를 넘어서야만 이런 깨달음의 자리로 나아갈 수 있습니다.

🔵 관계 속에서 우리를 키우시는 하나님의 손길 안에서 우리가 이룰 수 있는 최고 단계는 예수님께서 그리하셨듯

이 나의 자유를 가지고 상대에게 나를 완전히 다 내어 주는 일이라고 이해하면 될까요?

🐣 맞습니다. 그런 일을 이루는 것이 본인에게 정말 복이 됩니다.

🐥 자기 자신을 자발적으로 상대에게 완전히 내어 주는 일, 곧 내가 사라지는 그 일을 통해 내가 완성된다는 사실이 역설적이면서도 이루기 쉽지 않겠다는 생각이 듭니다.

🐣 기독교 신앙의 핵심 덕목은 사랑입니다. 사랑은 대상이 있어야 가능합니다. 나를 사랑하는 대상뿐만 아니라 내가 사랑할 대상이 있어야 합니다. 우리는 죄로 얼룩져 있기 때문에 관계 속에서 주고받는 일이 대등해야 한다고 생각합니다. 그래서 누군가를 사랑했다가 상대방의 마음이 내 마음에 못 미치는 것 같으면 금세 삐치거나 토라집니다. 하나님은 그렇지 않으십니다. 그 사실을 가장 두드러지게 보여 주는 것이 바로 십자가입니다. 그 온전한 자유와 순종의 사건 앞에서 우리는 할 말이 없습니다.

4

성육신

율법이 우리를 은혜로 민다고 했습니다. 율법이 없으면 은혜가 은혜 되지 못합니다. 율법은 은혜를 담는 그릇입니다. 그리고 은혜는 우리를 책임으로 민다. 책임을 지려면 선택권을 가져야 합니다. 내가 하지 않은 선택에 대해 책임을 질 수는 없는 노릇입니다. 자기가 한 선택에만 책임을 질 수 있습니다. 이 선택권을 가지려면 자유가 있어야 합니다. 그런데 우리에게 선택권이 있다면 우리는 과연 어디까지 마음대로 할 수 있을까요? 여기서 순종의 문제와 부딪히게 됩니다. 순종이란 자기를 포기하고 하나님의 뜻에 굴복하는 것인데, 자유와 권리를 가지는 것과 자신을 포기하는 순종이 어떻게 연결될 수 있을까요? 이렇게 서로 묶일 수 없는 자유와 순종을 묶은 분이 있습니다. 바로 예수 그리스도입니다.

자유와 순종의 결합

—

'그리스도 찬가'라 불리는 빌립보서 2장을 보겠습니다.

너희 안에 이 마음을 품으라 곧 그리스도 예수의 마음이
니 그는 근본 하나님의 본체시나 하나님과 동등됨을 취할
것으로 여기지 아니하시고 오히려 자기를 비워 종의 형체
를 가지사 사람들과 같이 되셨고 사람의 모양으로 나타나
사 자기를 낮추시고 죽기까지 복종하셨으니 곧 십자가에
죽으심이라 **빌 2:5-8**

이 말씀에는 하나님의 본체이신 분이 자기를 낮추시고 죽
기까지 복종하신 최고의 순종과 그분의 자발적 선택이 묶
여 있음을 볼 수 있습니다. 우리는 자기 자신에 대한 책임
을 져야 합니다. 또한 하나님께 우리의 모든 것을 의탁해
야 합니다. 책임과 의탁, 이 둘을 묶어 조화롭게 이해하는
문제는 만만치 않습니다. 오직 예수라는 모범을 통해서만
이 신비를 묶어 낼 수 있습니다.

다른 종교에서는 찾아볼 수 없는 기독교 신앙의 가장
독특한 특징은 창조와 부활이 있다는 것입니다. 창조란
없는 것을 만드는 것이고, 부활이란 죽음을 살리는 것입
니다. 그런 종교는 기독교 외에 없습니다. 지극함을 요구
하는 종교가 있고 성의를 요구하는 종교는 있어도 창조와
부활이 있는 종교는 없습니다. 기독교 신앙에는 논리로

설명할 수 없는 진실과 기적이 있습니다. 그 일은 예수의 성육신을 통해 가장 잘 표현됩니다.

이제 우리는 예수 그리스도의 성육신이 자유와 책임과 순종을 어떻게 어우러지게 하는지 살펴보려고 합니다. 요한복음 17장을 보면 예수께서 공생애의 마지막 순간에 이런 기도를 하십니다. 흔히 예수의 대제사장적 기도라고 불리는 본문입니다.

> 아버지여, 아버지께서 내 안에, 내가 아버지 안에 있는 것 같이 그들도 다 하나가 되어 우리 안에 있게 하사 세상으로 아버지께서 나를 보내신 것을 믿게 하옵소서 내게 주신 영광을 내가 그들에게 주었사오니 이는 우리가 하나가 된 것 같이 그들도 하나가 되게 하려 함이니이다 곧 내가 그들 안에 있고 아버지께서 내 안에 계시어 그들로 온전함을 이루어 하나가 되게 하려 함은 아버지께서 나를 보내신 것과 또 나를 사랑하심 같이 그들도 사랑하신 것을 세상으로 알게 하려 함이로소이다 **요 17:21-23**

여기서는 아직 성령까지 언급하지는 않으셨지만, 예수께서는 성부 하나님과 성자 하나님의 연합을 우리에게까지 넓혀 구원받은 백성들이 이 연합에 동참하기를 간구하고 있습니다. 이것은 놀라운 일입니다. 성부와 성자의 연합에 우리가 초대받는다는 것은 우리로서는 상상하기 어려운 일입니다. 다른 종교에서는 신과 그 신을 따르는 신도가 엄격하게 구별됩니다. 그러나 기독교에서는 존재론적차이를 부각하기보다 관계와 연합을 훨씬 더 강조합니다. 이러한 예수님의 기도는 그 앞에 있는 18절에 연결되어 있습니다.

> 아버지께서 나를 세상에 보내신 것 같이 나도 그들을 세상에 보내었고 요 17:18

'성부 하나님께서 성자 하나님을 세상에 보내신 것 같이' 입니다. 그리고 22절에 성부 하나님께서 성자 하나님께 주신 영광을 성자 하나님께서 주의 백성들에게 주셨다고 합니다. 예수께서 보내심을 받은 것과 그분이 이 땅에 오신 것이 바로 영광이라고 말하는 셈입니다. 보내심을 받은 것은 마지못해서 하신 일이 아닙니다. 소원하여 참여하신 것입니다. 순종이란 내가 하고 싶은 것들을 억지로 포기하고 나를 희생하여 선택하는 정도가 아닙니다. 내가 상상할 수조차 없는 놀라운 제안을 받았다는 것을 깨닫고 그 일에 기꺼이 참여하는 것입니다. 그것이 바로 영광입니다.

그러니까 예수께서 성부 하나님의 보내심을 받아 우리에게 오신 것처럼 예수께서 우리를 세상에 보내신다는 것은 엄청난 이야기입니다. 요한복음 14장에 따르면 예수를 믿는 사람은 그가 하신 일을 할 뿐만 아니라 그보다 더 큰일도 할 것이라고 하십니다. 쉽게 헤아려지지 않는 이야기입니다. 우리는 예수께서 이 땅에 오신 일에 대해 무한한 감사와 기쁨을 누립니다. 하지만 한번 생각해 봅시다. 말이 되지 않는 부분이 많습니다. 일단 주님이 세상에 오셔서 보낸 공생애의 결론은 십자가에서의 죽음이었습니다. 물론 장사 지낸 뒤 삼일 후에 부활하셨지만 얼마 안 계시다가 하늘로 떠나십니다. 그리고 뒷일은 제자들에게 다 맡겨 버리셨습니다. 제자들 처지에서는 얼마나 어이가 없었을까요.

많은 권능을 보여 주신 메시아가 그토록 환대를 받으며 들어가셨던 예루살렘에서 무력하게 잡혀 조롱당하고 죽어 버렸다는 사실이 제자들을 굉장히 곤혹스럽게 만들었을 것입니다. 당시 군중은 예수를 십자가에 못 박아 죽이

라고 외쳤습니다. 예수께 너무나 실망했기 때문입니다. 자
신들의 기대를 저버린 예수에게 너무 화가 나서 그를 죽
이라고 아우성을 친 것입니다. 제자들도 그를 배신하고 다
도망갔습니다. 빌립보서에서는 그가 죽기까지 순종하셨다
고 나오는데, 그 순종의 구체적인 내용은 바로 십자가 형
벌을 당하는 일이었습니다. 그런데 성경은 그 일이 부활을
이루기 위해서 반드시 거쳐야 하는 과정이라고 강조합니
다. 하나님께서 그 길을 걸으셨던 예수를 지극히 높여 하
늘과 땅의 모든 무릎을 그의 이름 앞에 꿇게 하십니다.

성경은 이제 예수를 믿는 자들이 예수께서 남겨 두신 일
들을 수행하도록 세상으로 보냄을 받았다고 이야기합니다.
과장하여 말하면 우리가 메시아의 역할을 이어받는 것입
니다. 예수께서 죽음과 부활로 만들어 놓은 생명과 영광과
승리의 나라에서 그에 합당한 삶을 살아 그것을 모르는 세
상에 빛과 진리와 생명이 되는 일을 우리에게 맡기신 것입
니다. 이는 우리가 열심히 일해서 보상을 받고 칭찬을 받는
것보다 훨씬 큰 이야기입니다. 예수를 믿는다는 것은 우리
에게 맡겨진 세상을 책임지는 자리에 서는 것입니다. 이 일
은 우리가 하는 선택의 수준이 높아져야만 올바로 수행할
수 있습니다. 이를 위해 우리 인생에 이토록 긴 과정이 펼

처지는 것입니다.

승리와 영광을 만드는 자리

—

우리는 예수님의 생애를 보며 귀중한 통찰을 얻습니다. 그는 가나의 혼인 잔치에서 물로 포도주를 만드셨고 중풍 병자를 고치셨고 바다를 꾸짖어 잠잠하게 하셨으며 귀신을 쫓아내는 등 많은 기적을 행하셨습니다. 그러나 그는 기적을 증거로 삼았을 뿐, 권력이나 해결책으로 삼지 않으셨습니다. 자신에게 맡겨진 사역을 세속적 방편으로 이용하지 않으신 것입니다. 그는 죽음을 선택하셨고 그 죽음으로 부활을 이루셨습니다.

주께서 잡히시기 전날 밤, 겟세마네에서 드렸던 기도에 이런 내용이 나옵니다. 그는 성부 하나님을 향해 자신의 마음이 고민하여 죽게 되었다고 토로합니다. 할 만하시거든 이 잔을 거두어 달라고 기도합니다. 하지만 결국은 순종하셨습니다. 기도 후에 가룟 유다의 안내를 받아 자신을 잡으려고 칼을 빼어 든 무리에게 베드로가 대항하자 "너는 내가 내 아버지께 구하여 지금 열두 군단 더 되는 천사를 보내시게 할 수 없는 줄로 아느냐"(마 26:53)라는 말로 견제하셨습니다. 예수께는 수많은 천사를 동원할 권리가 있었습니다. 그러나 그것을 내려놓고 당신이 잡히는 일을 택하셨습니다. 그것이 주님에게 최선의 길이었습니다. 그렇게 아버지의 뜻에 참여하셨고, 그 일을 통해 우리의 구원을 이루셨습니다.

이처럼 십자가가 믿지 않는 이들에게는 미련한 것이지만 믿는 우리에게는 하나님의 능력이며 지혜입니다. 예수께서 죄지은 자들의 자리, 죄와 폭력이 권세를 잡은 자리에 들어오셨던 것처럼 우리도 그렇게 보냄을 받았습니다. 그것이 우리의 삶입니다. 우리는 모든 족속에게 복음을 전하라고 땅끝까지 보냄을 받았습니다. 지리적으로 먼 곳만이 아닌 내가 선 자리가 땅끝입니다. 내 자리가 모든 나라이며 내 주변이 모든 족속입니다. 우리가 살아가는 나라, 시대, 가정, 사회가 모두 다 보냄을 받은 자리, 곧 성육신의 자리입니다.

예수께서 성육신하신 그 자리에서 어떻게 하셨는지를 생각해 보십시오. 예수께서는 이 땅에 보냄을 받은 것을 영광이라고 하셨습니다. 그 자체로 영광입니다. 그런데 우리는 기독교의 복음과 사역을 너무 쉽게 세속적 승리와 영광으로 바꾸어 놓았습니다. 이제 우리도 눈에 보이는 자기희생이나 부흥 같은 것을 영광으로 삼지 맙시다. 우리가 주님을 믿고 알게 된 것으로 이미 영광을 얻었음을 깨달아야 합니다.

그런데 우리 인생은 왜 이렇게 힘들까요? 사실 고생하고 외면당하는 일은 예수의 생애에서도 반복하여 나타났습니다. 그는 때가 될 때까지 계속 숨어 다녀야 했습니다. 무한이 유한 속으로 들어가, 많은 제약과 모욕과 조롱과 무지와 반대 속에 들어와 있는 것만으로도 굉장한 일인데 아버지는 아들에게 거기서 더 나아가자고 하십니다. 십자가의 죽음으로 아버지와 잠시 결별하는 일이 벌어지는 데까지 가는 것입니다. 성부 하나님과 성자 하나님께서 손을 놓는 자리를 우리로서는 상상할 수가 없습니다. 그러나 거기서 승리와 영광을 만들어 내십니다. 그러니 우리 생애에도 당연히 그런 일이 일어납니다. 폭력과 배신, 탐욕과 무질서의 세상에서 창조와 부활이 일어납니다. 예수께서 그런 세상으로 오셨듯이 우리도 지금 이곳에 그렇게 현존하고 있다는 것을 알아야 합니다.

실패의 반전

—

예수께서 부활의 승리를 이루신 새로운 세상에서 제자들은 어떤 생애를 사는지 살펴보겠습니다. 우선 베드로의 회복 사건을 생각해 보겠습니다. 베드로는 주님을 세 번 부인하는 실수를 했습니다. 그러나 그는 나중에 회복되어 초대교회에서 중요한 역할을 감당합니다. 하지만 베드로는 자신의 회개로 회복된 것이 아닙니다. 그가 저질렀던 세 번의 부인이 그에게 그다음 일을 할 수 있게 만든 것입니다.

우리는 실패와 승리의 개념을 구별하여 생각합니다. 그 둘이 손을 잡을 수 있다고는 상상하지 못합니다. 그러나 성경은 실패를 반전하여 승리를 이루어 낸다고 이야기합니다. 겸손은 어떻게 배웁니까? 겸손은 공부해서 배울 수 있는 것이 아닙니다. 자기가 가장 악한 존재라는 것을 알게 될 때 비로소 겸손해집니다. 베드로가 세 번 부인한 사건의 의미가 부활하신 예수님에 의해 바뀝니다. 그 후회스러운 실패가 그에게 실력이 쌓이는 하나의 과정이 된 것입니다.

이는 바울이 부름받은 사건에서도 잘 드러납니다. 바

울은 스데반을 죽이러 갔습니다. 스데반은 유대인들을 향해 이스라엘이 하나님의 선지자들을 얼마나 핍박하고 거역했는지를 설교했습니다. 그러자 다들 악을 쓰고 대항하며 스데반을 돌로 쳐 죽였습니다. 그런데 그 일이 바울을 만들었습니다. 바울이 자신을 죄인 중 괴수라고 고백하고 그에게 닥치는 모든 모진 핍박을 견딜 수 있었던 이유는 무엇일까요? 예전에 자신이 그 어떤 박해자보다 훨씬 더 악랄하게 굴었기 때문입니다. 바울은 하나님께 그 누구보다 열심을 품었는데, 그것이 예수를 열렬히 반대하고 핍박하도록 만들었습니다. 그런데 그 일을 뒤집어 놓을 수 있다고 성경이 말하는 것입니다.

동참하는 명예

—

자유인이 된 우리는 하나님의 뜻이 더 귀하다는 것을 아는 자리로 이제 나아가게 되었습니다. 우리가 가진 선택권으로 하나님의 일에 동참하게 된 것입니다. 그래서 우리는 그분의 동역자입니다.

우리는 하나님의 동역자들이요 너희는 하나님의 밭이요
하나님의 집이니라 **고전 3:9**

동역자나 일꾼이나 하는 일은 비슷해 보입니다. 그러나 동
역자에게는 일하는 것 자체가 명예입니다. 하나님의 동역
자는 하나님께서 이 세상에 기적과 복을 만들고 은혜를 베
푸는 일에 기꺼이 자신을 드립니다. 이것이 충성이고 순종
이며 영광이고 자랑입니다. 여기서 자랑이란 내가 다른 사
람보다 더 쓸모 있는 사람이라는 자랑이 아닙니다. 내가
하나님의 일에 순복하고 기꺼이 참여한다는 자랑입니다.
이것이 성육신으로 나타난 자유와 순종의 결합입니다.

이런 일은 논리로는 설명이 안 됩니다. 그래서 신비입
니다. 그러나 동시에 현실이기도 합니다. 신이 인간으로
와서 인간들의 손에 의해 십자가에 못 박혀 죽었다는 것
을 믿는 기독교인들이 이런 하나님의 신비에 대해 다른
것을 주장하며 고집부릴 수는 없을 것입니다. 우리가 처
한 시대의 조건과 형편이 우리에게 장애나 방해가 될 수
없습니다. 이와 같은 이해가 우리에게 다시금 헌신할 수
있게 하는 새로운 힘을 제공할 것입니다.

성육신에 관한 대담

박영선 목사, 윤철규 목사

신앙의 여정

🔵 예수님께서 이 땅에 꼭 오셔야만 했을까요? 하나님은 전능하신 분입니다. 따라서 주님께서는 제한된 시간과 공간 속에서 인간으로 사는 번거로운 방법이 아닌 보다 손쉬운 다른 방법으로도 우리를 충분히 구원하실 수 있었을 것 같다는 생각이 들기도 합니다.

🔵 그런 것은 구원이라고 말할 수 없습니다. 하나님은 우리를 매우 특별하게 지으셨습니다. 우리는 돌이나 나무가 아닙니다. 우리는 하나님께서 사랑하시는 대상입니다. 하나님의 형상입니다. 하나님과 연합해야 하는 존재입니다. 사실 하나님은 우리를 위해 성육신이라는 복잡한 방법을 사용하지 않아도 되었습니다. 그런데 왜 이 번거로운 일을 감행하셨을까요?

사람은 모두 나이를 먹습니다. 누구도 나이를 건너뛸 수는 없습니다. 각각의 나이마다 겪어야 하는 일이 있습니다. 늙어서 인생의 마지막에 도달할 즈음이면 과거에

범했던 실수가 자꾸 후회스럽습니다. 그래서 과거로 돌아가고 싶어집니다. 헤매는 바람에 허송세월했던 예전의 그 시간을 만회하여 방황한 시간을 단축하고 싶어집니다. 하지만 그렇게 할 수 없어 아쉬운 마음이 가득합니다.

곰곰이 생각해 보면 시간을 단축하는 일이 꼭 좋은 것만은 아닙니다. 예를 들어, 어떤 우수한 학생이 평범한 또래들과 배우는 공부가 유치하게 여겨져 조기 졸업을 하거나 다니던 학교를 자퇴한 다음 검정고시로 남들보다 일찍 대학에 가는 경우가 있습니다. 그런데 그런 일이 오히려 그 학생에게 손해가 되는 경우가 더러 있습니다. 자기 학년, 자기 나이를 즐겨야 합니다. 자라는 학생에게는 그 일이 가장 중요합니다. 같은 반에 속해 있던 또래의 친구들과 그때의 수준에서 부렸던 말썽들, 어리석고 철부지 같았던 나날들이 우리를 생명력 있게 만들어 내지 않았나요?

과일을 먹을 때 중요한 맛은 단맛입니다. 그런데 적절한 신맛이 없으면 별로 맛있지 않습니다. 앞에서 말한 갈등이나 말썽 같은 일들이 바로 신맛에 해당합니다. 꿀같이 달기만 하면 재미가 없습니다. 꿀도 어디에 섞어 먹어야 맛이 있습니다. 우리 인생도 탄생부터 죽음까지 나이를 먹어 가면서 다양한 맛을 품는 과일처럼 익어 갑니다.

그런 일들이 하나님께서 목적하신 일이라고 성육신을 통해서 우리에게 보여 주시는 것입니다. 하나님의 구원은 단지 우리를 천국에 가게 하는 데 그치지 않습니다. 그분이 사랑하는 대상으로서 우리가 깊고 풍성해지고 오묘한 매력을 지닌 존재로 성장하는 데 있습니다.

🕊 베드로의 배신을 설명하시면서 '그가 배신을 저질렀음에도 불구하고'가 아니라 오히려 '그 배신을 통해서' 초대교회의 중요한 일꾼이 되었다고 하셨습니다. 우리가 성장하는 데 있어서 실패뿐만 아니라 배신까지도 꼭 필요한 일일까요?

🕊 누구나 어렸을 때는 어리석게 굽니다. 비겁하게 굴고 변명을 할 수밖에 없는 경우가 생깁니다. 그런데 변명을 한다는 것은 굉장히 중요합니다. 변명은 내가 무엇을 해야 하는지 알지만 그 일을 이룰 실력이 없다는 사실에 대한 증거이기 때문입니다. 사람이 성숙하려면 '나는 비겁하게 굴 수밖에 없었다', '그때는 변명을 할 수밖에 없었다'라는 후회와 상처가 필요합니다.

초대교회는 핍박받은 일로 인해 선교지로 나갈 수 있었

습니다. 선교의 출발점이 된 발판이 처음부터 긍정적이고 적극적인 동기로 이루어지지는 않았습니다. 비겁하게 피하고 도망가서 이루어진 일이었습니다. '비겁하다', '회피하다', '도망가다' 하는 개념들이 우리에게는 부정적으로만 인식됩니다. 그러나 그렇지 않습니다. 당시에 제자들이 무슨 일을 할 수 있었겠습니까?

남아프리카공화국의 대통령이었던 넬슨 만델라에게 이런 일이 있었습니다. 그는 제법 이름 있는 부족의 추장 가문 출신이었습니다. 그에게는 좋아하던 여자가 있었는데 어느 날 집안에서 그에게 다른 여자와 결혼하라고 정해 주었습니다. 그가 좋아하던 여자는 그의 사촌 형과 결혼하라고 정해 주었고요. 만델라는 집에서 짝지어 준 여인과는 결혼할 마음이 없었고, 사촌 형 역시 딱히 결혼할 마음이 없었습니다. 그래서 그는 사촌 형과 함께 도망을 칩니다. 자라던 마을을 떠나 수도 케이프타운으로 갑니다. 그리고 거기서 세상을 배우게 됩니다. 대도시에 나가 보니 혹독한 인종 차별 상황과 뒷골목의 참담한 현실을 보게 됩니다. 자라 온 동네에서는 자기들끼리 나름 행복하게 사느라 몰랐던 사실들에 비로소 눈뜨게 된 것입니다. 그런 일들을 보며 분노하게 되었고 흑인 인권 운동의 길에 들어서게 됩니다. 시작은 아버지 말을 거역하려고 도망갔던 것에 불과합니다. 그런데 그 일이 그를 위대한 인권 운동가가 되는 길로 이끈 셈입니다.

우리는 누가 배신하거나 거짓말을 하면 그 일을 저지른 사람이 자신의 의지를 다해 일부러 그런 나쁜 일을 했다고 생각합니다. 그런데 물이 흐르다가 길이 막혀 있는 바람에 할 수 없이 그리로 물이 흘러들어 간 것입니다. 그렇게 각각의 상황으로 몰아붙여지게 됩니다. 그때마다 하나님께서 우리로 선택하게 하십니다. 그 선택이 일정한 기준에 부합해야만 통과되는 것은 아닙니다. 겪어 가는 것입니다. 잘 겪은 일도 있고 잘못 겪은 일도 있지만, 대부분 잘못 겪은 일이 우리를 자라게 합니다. 이런 일을 경험하지 못한 사람들은 오히려 실력을 갖추기가 어렵습니다.

🅨 아무런 죄책감 없이 변명해서 넘어가도 된다거나 도덕과 양심을 무시하고 살아도 된다는 식으로 이런 말씀들을 적용하는 것은 말이 되지 않겠지요. 목사님께서도 그런 뜻으로 하신 말씀이 아닐 것이고요. 그렇게 보면 '현실 속에서 그 일을 행할 수밖에 없는 나약하고 비겁한 나의 못남을 하나님께서 겪어 내게 하신다', '그 일로 망하지 않게

하시고 오히려 자라게 하신다' 하는 말씀이 제게는 위로
와 격려가 됩니다. 더 나아가 제 주변 사람들에 대해서도
잘잘못으로 판단하기보다 좀 더 넉넉한 마음으로 대해야
겠다는 생각이 들기도 합니다. 또 이런 이해가 역사와 세
계에 대해 보다 정돈된 성경적 견해를 가지게 하는 것 같
습니다.

박 나무가 크면 새가 와서 집을 짓기도 하고, 굵은 가지
에 그네를 맬 수도 있습니다. 새가 지저귀고 아이들 웃음
소리가 들리지요. 그런 것들이 있어야 합니다. 전봇대처럼
멋대가리 없이 서 있으면 곤란합니다.

　　기독교 신앙은 인간 존재와 운명에 대해 큰 비전을 제
시합니다. 세상에서 말하는 비전은 정치적이고 권력적이
고 도덕적일 뿐입니다. 그러나 기독교 신앙이 말하는 비
전은 창조 세계 전체에 대한 하나님의 비전입니다. 우리
의 비전은 꿈에 불과할 수 있지만, 하나님은 고집을 부리
시는 대로 실제 역사가 되게 하십니다.

　　세상은 역사 속에 하나님의 존재를 상정하지 않습니다.
그러나 우리는 역사 속에 실제로 성육신하신 하나님을 배
신하고 못 박아 죽였습니다. 이보다 더 심한 일은 상상할

수 없습니다. 우리는 살아 계신 하나님을 계시지 않는 분처럼 여기고 살았습니다. 그런데도 주님은 우리를 포기하지 않으셨습니다. 우리의 모든 못남과 배은망덕함이 우리를 향한 하나님의 의지를 꺾을 수 없습니다. 하나님은 결국 하나님의 의지를 역사 속에서 현실로 이루어 내십니다.

이런 관점으로 성경을 보면, 모든 사건이 다시 보입니다. 고향을 떠나는 야곱에게 주님이 말씀하셨습니다. "지금 네가 누운 땅을 내가 네게 주겠다. 내가 언제나 너와 함께 있을 것이며, 결단코 너를 떠나지 않을 것이다." 그런데 이런 약속을 받은 야곱은 평생 얼마나 갖은 고생을 했습니까. 삼촌은 자기를 속였고, 하나님은 아무 말씀이 없으셨습니다. 이런 대목을 읽으면 이게 뭔가 싶습니다. 그런데 그 일로 야곱이 성숙하게 됩니다.

성경은 야곱을 처음에는 조금 치사한 사람으로 묘사합니다. 에서에게는 남자다운 면모가 보였는데, 야곱은 그렇지 않았습니다. 그는 교활한 술수로 형에게 장자의 권리를 넘겨받았습니다. 어머니 리브가와 공모하여 아버지와 형에게 사기를 쳤습니다. 자신의 권리를 조금이라도 양보하거나 손해 보는 일은 절대 하지 않는 사람이었습니다. 그런데 인생의 혹독한 시련을 겪으면서 위대해졌습니다.

그는 자신의 삶 내내 어려움을 겪었습니다. 특히 나중에 애굽의 총리가 된 요셉이 아직 자신의 정체를 모르고 있는 형들에게 자기 동생 베냐민을 데려오라고 요구했을 때 야곱이 보였던 반응을 떠올려 보십시오. 그 말을 전해 들은 야곱은 '내가 자식을 잃게 되면 잃으리로다'(창 43:14)라고 말했습니다. 야곱은 그 지점까지 이르게 되었습니다. 앞서 아브라함이 이삭을 바치게 된 것과 같은 맥락입니다.

후에 야곱은 애굽의 왕인 바로를 축복하는 자리까지 이릅니다. 히브리서 7장 7절에 의하면 '낮은 자가 높은 자에게서 축복을 받'는 것입니다. 그러니 야곱이 바로보다 위에 있었던 것이지요. 굉장한 일입니다. 치사한 야곱이 늠름한 사람이 된 것입니다. 이런 점에서 성경의 이야기는 세상이 말하는 바와 강조점이 전혀 다릅니다. 야곱의 인생은 처절했습니다. 집을 떠날 때 고생했고, 하란에 가서도 고생했고, 가나안에 돌아와서도 고생했습니다. 그런데 야곱에게 이런 고생이 가득했기에 그의 인생이 위대했다고 성경은 이야기합니다.

살다가 고난을 겪으면, 그 일은 결코 유쾌하거나 편한 감정을 일으킬 리 없습니다. 당연히 우리를 절망으로 이끕니다. 그 절망을 어떻게 이기게 될까요? 성숙한 이해나 믿음이 있어서 이기는 것이 아닙니다. 하나님께서 우리를 데려가지 않으셔서 그저 견딜 뿐입니다. 그런 일들은 우리에게 열등감을 불러일으키거나 마음의 상처로 자리 잡기도 합니다. 기독교가 아니면 이 상처를 회복할 수 없습니다. 신앙의 회복은 상처를 없던 것으로 만들거나 그간의 고생을 잊을 만큼 충분한 보상을 얻게 만드는 것이 아닙니다. 그 일을 잊게 하는 것이 아닙니다. 짊어지게 하는 것입니다. 그 조건으로 충분합니다. 그래서 내가 조역이어도 좋은 것입니다.

🅤 베드로의 배신과 바울의 실패가 오히려 반전을 일으켜 주님의 일을 하게 하는 중요한 재료가 되었다고 하셨습니다. 이어서 "자유인이 된 우리는 하나님의 뜻이 더 귀하다는 것을 아는 자리로 나아가게 됩니다. 우리가 가진 선택권으로 하나님의 일에 동참하게 됩니다. 그래서 우리는 그분의 동역자입니다"라고 하셨는데요. 여기서 '실패가 뒤집혔다'와 '우리가 자유인이 되어 하나님의 일에 동참하게 되었다'로 이어지는 논리가 조금 매끄럽지 않은 것 같습니다. 이 부분에 대해 자세히 설명해 주실 수 있을까요?

🖲 하나님께서 우리를 사용하실 때는, 우리가 하나님께 쓸모 있으려고 하는 노력을 조건으로 삼아 일하지 않으십니다. 오히려 우리가 자기를 포기할 때 그것을 들어서 쓰십니다. 예수께서 제자들에게 말씀하셨죠. '누구든지 나를 따라오려거든 자기를 부인하고 자기 십자가를 지고 나를 따를 것이니라'(마 16:24). 이 말씀에서 '자기 십자가'는 우리 각자가 직면하고 있는 해결할 수 없는 절망입니다. 이 절망이 중요한 일을 합니다.

인문학은 우리가 하는 고민을 개념적으로 정리해 줍니다. '인간은 왜 사는가?', '인간이 겪게 되는 궁극적 운명은 무엇인가?'와 같은, 우리에게 공감을 불러일으키는 질문들을 만들어 냅니다. 그러나 답이 없습니다. 답은 자연 질서 속에 있지 않기 때문입니다. 답은 창조와 부활에서 나옵니다. 죽어야 삽니다. 져야만 승리합니다.

이런 내용을 실감하지 못하면 믿음이라는 세계로 들어올 수가 없습니다. 고린도전서 2장을 보면, 바울이 고린도 교인들에게 '내가 너희 가운데 거할 때에 약하고 두려워하고 심히 떨었'(고전 2:3)다고 말합니다. 바울은 무엇 때문에 두려워하고 떨었을까요? 고린도 교회의 교인들을 처음 만나는 일이 두렵고 떨렸다는 뜻이 아닙니다. 바울이 하는 말이 그들에게 사람의 말로 쉽게 설득되어 그들이 잘못 알아듣게 될까 봐 겁이 난 것입니다. 바울은 그 일이 하나님의 능력으로 되어야 한다고 주장했습니다. 바울이 전하는 말은 인간의 사상이나 해결책이 아니었기 때문입니다. 그래서 바울이 전하는 말을 듣고 고린도 교인들이 '아, 당신이 전하는 말은 정말 설득력 있고 맞는 말이다'라고 단번에 말한다면 매우 곤란한 일입니다. 그것은 인간의 조건에 근거한 이해일 수 있기 때문입니다. 바울의 외모나 언변이 그들의 납득을 불러일으키는 조건이 될 수 없었습니다. 오히려 그런 것들은 방해로 작용할 요소였다는 것입니다. 복음은 바울이 가진 부족한 조건에 담겨서 전달되었습니다. 세상의 이치로는 만들거나 암시할 수조차 없는 복된 내용이 고린도 교인들에게 전달되었습니다.

이 부분에 대한 이해를 돕기 위해 예를 들어 보겠습니다. 모든 시대나 모두에게 적용되는 좋은 설교자의 조건이란 없습니다. 한 설교자가 가진 경험, 그가 자라 온 환경, 그가 지닌 성격이 그가 설교자의 직분을 감당하는 일에서 최고의 조건이 됩니다. 그가 지닌 고유한 성격이 있고, 그 성격 때문에 다른 이들에게는 주어지지 않은 것이 주어지기도 합니다. 바로 그 사람만 던질 수 있는 독특한 질문입니다. 그 사람만의 질문이 있고, 그것에 대한 답을 찾고, 그 답에 대해 변론하는 과정이 설교를 통해서 드러납니다. 그리고 그런 설교자한테 공명하는 청중들이 그의 설교를 듣고 모이게 됩니다.

따라서 설교자들에게 이런저런 조건들을 들이밀며 유능해져야 한다는 당위는 어찌 보면 다 쓸데없습니다. 모든 설교자가 다 각자의 처지라는 동등한 조건 속에 있기 때문입니다. 남들보다 더 단순하다든지, 더 유능하다든지 하는 비교에 따른 우열은 있을 수 없습니다. 제가 설교자들에게 늘 걱정하지 말라고 하는 이유입니다. 그렇다고 손 놓고 가만히 있으라는 뜻은 아닙니다.

설교자들은 설교에 대해 끝없이 걱정합니다. 아무리 고민해도 아직 답이 나오지 않았는데, 벌써 주일이 되어 강단에 올라가야 하는 때가 한두 번이 아닙니다. 그럴 때면 속으로 부끄러움을 느낍니다. 절망감도 제법 큽니다. 그런데 그렇게 발전합니다. 하루는 24시간입니다. 어찌 흘러가든 24시간이 지나면 내일이 옵니다. 이것은 하나님께서 끊임없이 일하고 계시다는 강력한 증거가 됩니다. 때로는 짐짓 하나님을 속여 보기도 합니다. '하나님만 믿으면 된다고 하시니 저는 이제 제 책임을 좀 내려놓겠습니다'라고 말하기도 하고, 때로는 울기도 하는데 이 모든 일을 통해서 성장합니다.

최고의 맛을 지닌 과일이나 채소는 일교차가 큰 곳에서 재배되는 것들이라고 합니다. 고랭지 배추가 자라는 곳이 그렇습니다. 낮에는 기온이 영상인데 밤에는 영하입니다. 과일도 일교차가 별로 크지 않는 곳에서 자라면 맛이 없습니다. 자연에도 그런 원리가 있는데, 우리는 자주 그 사실을 간과합니다.

우리 인생도 그렇습니다. 고난과 환난으로 인한 낙담 같은 것들은 당연히 거치게 되어 있습니다. 물론 기독교 신앙이 없으면, 그 모든 것이 다만 절망으로 끝나 비극이 되고 맙니다. 하지만 이 안에서는 모든 일이 다 유효합니다. 하나님은 흙으로 사람을 만드시고 거기에 생기를 불어넣으셨습니다. 그리고 성령을 보내 주셨습니다. 이런 기적 같은 일들이 우리에게 일어납니다. 흙으로 빚어져서 생기를 부여받는 데까지는 어쩌면 믿는 자나 믿지 않는 자 모두가 같을 수 있습니다. 하지만 성령이 오신다는 것은 다른 이야기입니다. 우리에게는 창조를 넘어선 부활이 주어져 있습니다.

윤 많은 사람들이 인생을 살다가 심히 절망스러운 일을 겪게 되면 마치 죽음을 경험하는 것처럼 모든 것이 끝났다는 느낌이 든다고 이야기합니다. 반면에 하나님께서는 거기서 끝내지 않으시고 우리로 죽음을 넘어선 부활을 경험하게 하신다고 말씀하셨습니다. 그런데 우리가 경험하는 창조와 부활은 그 내용 자체가 아니라 그것을 우리에게 도입하시는 하나님을 알리기 위한 수단이라는 생각도 듭니다. 결국 우리가, 하나님은 우리에게 죽음을 넘어선 부활을 주시는 분이라는 사실을 아는 자리에 가야만 하나님과 마음껏 동역하는 풍성한 자유를 누릴 수 있게 되는 것일까요?

박 그런 사실을 아는 자리에 도달하기 이전부터도 하나님의 일은 이미 우리에게 이루어지고 있었고, 지금도 이루어지는 중입니다. 단지 그 전에는 우리가 고집을 부린다는 점이 다릅니다. 우리는 우리에게 부여된 자유로 고집을 부리고 반항했습니다. 일종의 사춘기적인 반항이었죠. 하지만 결국에는 항복하는 날이 옵니다. 하나씩 하나씩 항복하게 되고 그 결과로 사람이 성숙해집니다. 아이가 자라 사춘기를 겪으며 중고등학교를 거쳐 대학에 가듯이, 그런 과정이 있어야 인생이라는 열매가 제대로 익고 또 그 열매가 맛있어집니다. 그 과정이 없으면 열매에서 심심한 맛만 날 뿐입니다.

윤 인생에서 한 사람의 인격이 영글어 가는 과정, 온도 차를 견디는 과정이 우리에게 주어진 시간의 의미라고 봐야 할까요?

박 그렇습니다. 그 안에서 하나님께서 일하고 계십니다. 출애굽기 3장을 찬찬히 살펴보면 호렙 산에서 모세는 하나님께 왜 이제 나타나시냐고 화를 낸다는 사실을 알게 됩니다. 그동안 무엇을 하셨기에, 내가 젊고 열심을 낼 때는 아무 반응도 하지 않으시다가 내가 사십 년을 허송세월한 후 아무것도 아닐 때 나타나셔서 무거운 책임을 맡기시면 어떻게 해야 하냐고 원망합니다. 그런데 주님이 모세에게 뭐라고 말씀하시는 셈입니까? "모세야, 무슨 소리를 하는 것이냐. 이 사십 년 동안 네가 얼마나 잘 익었는지 아느냐." 모세를 마치 사십 년간 잘 숙성된 최고급 포도주라고 말씀하시는 것 같습니다. 얼마나 굉장합니까. 하나님께서 우리에게도 그렇게 하십니다.

우리가 이런 것들을 깨우쳐 가는 과정은 참으로 흥미롭습니다. 하나님께서는 우리에게 모든 것을 하나하나 이해시킨 다음에 우리를 끌고 가지 않으십니다. 우리는 하나님을 알지만, 그분이 어떻게 일하시는지는 모릅니다. 그래서 어리석은 소원이나 철없는 고집을 내세울 때가 많습니다. 그때마다 벽에 부딪힙니다. 하나님께서 가로막으십니다. 그래서 좌절하고, 후회하고, 하나님을 향해 원망합니다. 게다가 이 일은 끝나지 않는 시합처럼 계속해서 반복됩니다. 이 방법도, 저 방법도 사용해 보지만 속 시원하게 해결되는 경우가 없습니다. 그런데 나중에 보면, 우리가 이해하고 헤아릴 수 있게 되어서 그분의 일을 하는 것이 아님을 알게 됩니다. '그럼에도 불구하고' 쓰임을 받는 것입니다. 나중에 가서 어느 날 '아, 나를 만드신 이가 하나님이구나'라는 사실을 알게 됩니다.

그 지점에 가면 내 인생이 멋진 작품을 만드는 데 요긴하게 사용되었다는 사실을 알게 됩니다. 〈벤허〉나 〈쇼생크 탈출〉 같은 명작의 엔딩 크레딧(ending credit)에 이름 한 줄 올라가는 일은 얼마나 영광입니까? 영화 관련 일을 하는 사람들에게 이 이상의 보람은 없을 것입니다. 그런 영광이 우리의 인생에 가득합니다.

성경을 읽을 때 이런 이해가 없으면 찾아내지 못하는 것들이 많습니다. 굉장한 보화인데 우리 눈이 가려져서 못 찾는 것입니다. 승리주의나 조급함, 우리가 원하는 대로 하나님이 일하셔야 한다는 오해가 그런 가림막에 해당합니다. 그런 것이 우리로 성경을 제대로 읽지 못하게 만듭니다. 다메섹 도상에서 주님을 만나기 전의 바울이 딱 그랬습니다. 그는 살기가 등등했습니다. 절대 자기가 틀렸을 리 없다고 생각했을 것입니다. 그런데 그는 틀렸었고 그 틀린 것이 후에 중요한 일을 하였습니다.

그가 틀린 것이 이후에 그를 겸손하게 만든 측면도 있습니다. 하지만 더 중요한 사실이 있습니다. 바울은 자신에게 일어난 일을 비롯하여 복음은 말로 이해되는 것이 아니라는 사실을 알게 되었습니다. 그 일을 통해 비로소 바울은 사도가 되었습니다. 그의 유능함이나 풍성한 지식이 그를 사도로 만든 것이 아닙니다. 먼저 인간의 언어로 헤아릴 수 없는 일들이 그에게 일어났습니다. 그 경험이 바울을 사도로 만들었습니다. 바울은 이 말이 안 되는 일에 한 명의 증인이 되겠다고 마음을 먹게 된 것입니다.

🅤 바울은 자신에게 일어난 일을 설명할 수도 없고, 이해

시킬 수도 없으니 증언할 수밖에 없었다는 말씀이시지요? 이 부분이 정말 신비롭기도 하면서 어려운 것 같습니다. 말이 되지 않는 일이 일어났는데, 내가 그 일을 말로 전하는 증인이 된다니요.

🅑 그래서 바울이 이런 이야기를 합니다. "나는 당대 최고의 교육을 받았다. 유대인으로서 유대인이 하는 의례와 법도를 다 지켜봤다. 나도 너희가 믿는 하나님을 열심히 믿고 섬기는 사람이었다. 그런데 하나님께서 예수를 보내셨다." 이 이야기를 들은 청중이 이렇게 반응합니다. "하나님께서 인간이 되셨다고? 말이 되는 소리를 해라!" 그러자 바울이 이렇게 말합니다. "그래, 나도 너희와 같은 심정이었지. 너희가 지금 못 알아듣는 거 나도 충분히 이해한다."

🅨 바울은 "너희가 복음에 대해 말이 되지 않는다고 하는 바를 나도 다 이해한다. 나도 너희처럼 이성을 가진 인간이다. 하지만 그 말도 안 되는 일이 이미 일어난 사실이고 역사인데 내가 달리 말할 도리가 있겠느냐?"라고 말하는 셈일까요?

박 맞습니다. 더 나아가 바울은 이렇게 말하는 중입니다. "이런 하나님께서 너희를 버리지 않았다." 복음은 이런 것입니다. 그래서 아직 믿지 않는 이들에 대해 함부로 판단하면 안 됩니다. 그들을 호의로 대해야 합니다. 출애굽은 이스라엘 백성을 애굽에서 꺼낸 사건 정도에 그치지 않습니다. 출구가 없던 애굽에 출구가 생긴 사건입니다. 결국 애굽은 출애굽 한 이스라엘을 통해 구원을 받게 될 것입니다. 애굽뿐만 아니라 열국이 구원을 받게 될 것입니다.

어떤 면에서는 믿지 않는 이들이 옆에 있는 것이 우리에게 유익입니다. 그들의 행동이 때로는 우리에게 반면교사가 되어 우리를 자라게 하고, 그들이 우리에게 행하는 핍박이 우리를 성숙하게 만들기도 합니다. 그들이 있어야 우리가 주인공 역할을 더욱 잘 감당할 수 있습니다. 결국 우리는 주인공 역할로, 그들은 악역으로 오스카 시상식에 함께 앉을 것입니다. 물론 잘한 것은 잘한 것이고, 못한 것은 못한 것입니다. 순종에 대한 보상이 없다거나 죄에 대한 심판이 없다는 이야기가 아닙니다. 그러나 우리의 실력으로는 그 모두를 한 그림으로 묶을 수가 없습니다. 거기는 우리의 영역이 아닙니다. 하나님의 창조와 부활이 궁극적으로 무엇을 만드실지 우리는 알지 못합니다. 다만

누구를 미워해서 우리를 증명할 필요가 없다는 사실만은
분명합니다.